भविष्य मालिका पुराण

2032 से सत्य युग की शुरुआत...

भाग - १

लेखक:- परम पूज्य पंडित श्री काशीनाथ मिश्र जी

ISBN 979-8-88883-943-0

लेखक के कलम से......

प्रभु श्री जगन्नाथ, मां बिरजा देवी, मां सरस्वती और प्रभु श्रीगणेश जी की अपार कृपा से ,
६०० वर्ष पूर्व उड़िया भाषा में लिखिगई पंचसखा कृत "भविष्य मालिका"को उड़िया भाषा से हिंदी
एवं और भी कई भाषा में इस ग्रंथ की गूढ़ तथ्य को मानव समाज का कल्याण के लिए और
सनातन धर्म को विश्वस्तर में पुनर्जागरण कराने के लिए सर्वश्रेष्ठ उपादेय होगा ये आशा रखते हैं ।
भक्त लोग इसको पढ़के अपना पूर्वजन्म का संस्कार को उज्जीवित करके
सत्य युग के मानव हो पायेंगे ये हम आशा रखते हैं।
आज संपूर्ण विश्व में जब सारे मानव समाज विपथगामी एबं पथभ्रष्ट हो चुके हैं।
इस समय ये "भविष्य मालिका " मनुष्य समाज का पथ प्रदर्शक बन सकें और सारे विश्व में
ये कल्याण कारी साबित हो सकें , ये भगवान श्रीजगन्नाथ जी की श्रीचरणों में हमारा प्रार्थना है।
अत: इस ग्रंथ को सारे विश्व के साधु संत,भक्त और सज्जनों के लिए हम समर्पित करते हैं।

पंडित श्री काशीनाथ मिश्र।

भविष्य मालिका पुराण क्या है?

जब जब भगवान खुद की इच्छा से धर्म संस्थापना के लिए धरा अवतरण करते हैं, तब तब उनके आने से पूर्व ही उनके जन्म स्थान, उनकी दिव्य लीलाओं का वर्णन, उनके भक्तों का वर्णन उस समय की धर्म की स्थिति तथा भगवान किस प्रकार धर्म संस्थापना करेंगे आदि युग संध्या से लेकर धर्म संस्थापना और नवयुग तक का वर्णन भगवान के निर्देश से पूर्व ही लिख दिया जाता है। ताकि मनुष्य समाज धर्म और धारा, सनातन संस्कृति का पालन करके रक्षा प्राप्त कर सके।

जिस प्रकार त्रेता युग में भगवान श्री राम जी के धरा अवतरण से पूर्व ही महर्षि वाल्मीकि जी ने जगत पिता ब्रह्मा जी के निर्देश से, देवर्षि नारद जी के मुखारबिंद से जो उन्होंने भगवान श्री राम जी के पावन चरित्र का गुणगान सुना था, उसका वर्णन "रामायण ग्रन्थ" में किया।

द्वापर युग में भगवान श्री कृष्ण जी के धरा अवतरण से पूर्व, युग संध्या, धर्म की स्थिति और धर्म संस्थापना के विषय में महर्षि वेदव्यास जी ने भगवान श्री गणेश जी के सहयोग से हिमालय में तपस्या करते हुए "महाभारत ग्रन्थ" की रचना की थी।

ठीक उसी प्रकार कलियुग में दूसरी बार जब भगवान ने नाम संकीर्तन की महिमा, अहिंसा प्रेम और भक्ति को संपूर्ण विश्व

में प्रचार करने के लिए चैतन्य रुप में अवतार ग्रहण किया, उसी समय पंच सखा में अन्यतम महापुरूष अच्युतानंद दास, महापुरूष बलराम दास, महापुरूष जगन्नाथ दास, महापुरूष जसवंत दास और महापुरूष शिशु अनंत दास ने आज से 600 वर्ष पूर्व, 15 वीं शताब्दी में पावन उत्कल भूमि (उड़ीसा राज्य) में भगवान चैतन्य महाप्रभु जी के शिष्य के रुप में इस धरती पर आए। और भगवान जगन्नाथ जी के निर्देश से "भविष्य पुराण ग्रन्थ" को संशोधित करते हुए "भविष्य मालिका पुराण ग्रन्थ" की रचना की। इस क्रम में उन्होंने "185000" ग्रंथों के समूह की रचना ताड़ के पत्तों में की, जिसको उड़िया भाषा में लिखा गया।

इस ग्रन्थ में पंच सखाओं ने कलियुग के अंत में धर्म की स्थिति, भगवान श्री कल्कि जी का धरा अवतरण, धर्म संस्थापना, मनुष्य समाज का उद्धार और अनंत युग तक की भगवान की लीलाओं का वर्णन विस्तार पूर्वक किया।

भविष्य मालिका में लिखी हुई प्रत्येक बात पत्थर की गाढ़ है और हमेसा सच साबित हुई है। जैसे कि भारत में मुगलों का अत्याचार, अंग्रेजो की गुलामी, स्वतंत्रता संग्राम की घटनाएं और स्वतंत्रता संग्राम सेनानियों का वर्णन, भारत देश का टूट कर आजाद होना, पाकिस्तान, बांग्लादेश, श्रीलंका, बर्मा देश का निर्माण, प्रथम विश्व युद्ध, द्वितीय विश्व युद्ध, अज्ञात रोग महामारी आना आदि आदि ये सभी घटनाएं घटित हो चुकी हैं।

और इस ग्रन्थ में मुख्य रूप से भगवान श्री कल्कि जी के धरा अवतरण, भक्तों का एकत्रीकरण, सुधर्मा महा-महा संघ

और 16 मंडल का गठन, खंड प्रलय, अग्नि प्रलय, जल प्रलय, भूकंप, रोग महामारी एवं पारमाणुविक तृतीय विश्व युद्ध से लेकर अनंत युग/ आद्य सतयुग के आगमन तक का संपूर्ण वर्णन किया गया है। भविष्य मालिका पुराण के अनुसार सन् 2032 से पूर्व संपूर्ण विश्व में सभी धर्मों और पंथों का पुनर्गठन होकर सारे विश्व में केवल सत्य सनातन धर्म प्रतिष्ठित होगा।

यह ग्रन्थ आने वाले महाविनाश से रक्षा पाने के लिए संपूर्ण विश्व में एक मात्र चेतवानी और एक मात्र संजीवनी है।

पंडित श्री काशीनाथ मिश्र जी के 40 वर्षों से अधिक मालिका के अध्यन एवं अनुमोदन से, आज विश्व में पहली बार "भविष्य मालिका पुराण ग्रन्थ" प्रथम खंड को हिंदी सहित समग्र विश्व में, 150 से अधिक देशों में भिन्न भिन्न भाषाओं में प्रतिपादन एवं विमोचन किया जा रहा है। इस ग्रन्थ में आने वाले महाविनाश और परिर्वतन की अधिकतम भविष्यवाणियों का शत् प्रतिशत वर्णन किया गया है। ताकि आने वाले महाविनाश से पूर्व मनुष्य समाज को चेतावनी मिल सके और मनुष्य समाज सनातन आर्य वैदिक परंपरा का अनुपालन कर इस महाविनाश से रक्षा प्राप्त कर सके।

अध्याय सूची

प्रस्तावना

कलियुग का अंत हो चुका है। शास्त्रीय धारा एवं मनुस्मृति के आधार पर चार युग का ही समय देखने को मिलता है। उन युगों के नाम हैं- पहला सत्ययुग, दूसरा त्रेतायुग, तीसरा द्वापरयुग और चौथा कलियुग। इन चार युगों के बाद एक गुप्तयुग भी आता है जिसको अनंतयुग या आद्य सत्ययुग कहते हैं और यह प्रमाणित भी है। इसका प्रमाण मुख्यत: पंचसखाओं द्वारा लिखे गए 'भविष्य मालिका' ग्रंथों में उपलब्ध है जिसे आज भी लोग नहीं जानते हैं। परंतु इन गूढ़ तत्वों की जानकारी सम्पूर्ण विश्व के मानव समाज के उद्धार के लिए बहुत आवश्यक है।

शास्त्रों के अनुसार कलियुग का अंत हो चुका है, लेकिन उसका प्रभाव सारे विश्व में अभी भी पूरी तरह फैला हुआ है। इस समय कलियुग की अंतिम अवस्था चल रही है। इसलिए पूरे विश्व के मानव समाज को कलि ने संपूर्ण रूप से ग्रस्त कर रखा है। आज यह देखने को मिलता है कि भाई-भाई, पति-पत्नी, परिवार-परिवार, गांव-गांव के बीच, राज्य-राज्य और देश-देश के बीच कलि ने अपना प्रभाव फैला रखा है। समग्र विश्व आज जरा-ग्रस्त है। रोग और महामारी ने संपूर्ण विश्व को अपनी चपेट में ले रखा है। आज दवाओं के सेवन बगैर मनुष्य समाज का बचना मुश्किल हो गया है। अगले आठ साल के अंदर

सम्पूर्ण विश्व निम्नलिखित भयानक आपदाओं का सामना करने जा रहा है-

1. तृतीय विश्वयुद्ध

2. खाद्य संकट

3. पवन प्रलय

4. जल प्रलय

5. अग्नि प्रलय

6. भूकंप

7. दुर्भिक्ष (अकाल)

8. अनजान बीमारियां / महामारियां

सन् 2025 में जब मीन राशि में शनि का चलन होगा, तब ये सभी आपदाएं अपना तीव्र रूप धारण कर लेंगी। यही नहीं, आने वाले समय में सभी वैज्ञानिक यंत्र, कम्प्यूटर, सैटेलाइट (मानव निर्मित उपग्रह) आदि काम करना बंद कर देंगे।

वर्तमान समय में सभी के मन में यह सवाल है कि मानव समाज की सुरक्षा कैसे होगी और मनुष्य का भविष्य क्या होगा। इन प्रश्नों के उत्तर जिन ग्रंथों में वर्णित हैं, उन अमूल्य ग्रंथों की माला (मालिका) का नाम है 'भविष्य मालिका'। यह कई ग्रंथों की मालिका है जिन्हें आज से 600 वर्ष पूर्व ओडिशा में जन्मे पंचसखाओं के द्वारा ओड़िया भाषा में लिखा गया था। इसीलिए आज तक ये गुप्त ग्रंथ लोगों के सामने प्रकाश में नहीं आ पाये।

महाप्रभु श्री जगन्नाथजी की अपार कृपा से हमारे यूट्यूब चैनल 'कल्कि अवतार' के माध्यम से हिंदी भाषा में सन् 2018 से 'भविष्य मालिका' का प्रचार-प्रसार किया जा रहा है। वर्तमान समय में मानव समाज के कल्याण के लिए भगवान के निर्देश पर 'भविष्य मालिका' का अनुवाद अंग्रेजी, हिंदी, गुजराती तथा भारत की अन्य भाषाओं के साथ ही विश्व की प्रमुख भाषाओं में भी किया जा रहा है।

इन ग्रंथों में वर्णित नीतियों और नियमों का जो लोग पालन करेंगे वे ही कलियुग से सत्ययुग में प्रवेश करने में समर्थ होंगे। तभी मानव समाज के कल्याण का वह उद्देश्य भी सफल होगा जिसके लिए पंचसखाओं द्वारा महाप्रभु के निर्देश का पालन करते हुए भविष्य मालिका की रचना की गई। केवल इस ग्रंथ-माला के माध्यम से ही विश्व में सनातन धर्म का प्रचार-प्रसार और भक्तों का एकत्रीकरण होगा तथा अंततः सारे विश्व में एक सनातन धर्म ही रहेगा।

प्रस्तुत पुस्तक में उक्त भविष्य मालिका ग्रंथों की कई मुख्य बातों का सार वर्णित है जिसे हम विश्व के सभी साधु, संत, ज्ञानी, सज्जनों और भक्तों को उनके उद्धार के उद्देश्य से समर्पित करते हैं।

अध्याय-1

कलियुग के अंत काल में भविष्य मालिका की आवश्यकता

युगचक्र के अनुसार पहला सत्ययुग, दूसरा त्रेतायुग, तीसरा द्वापरयुग और अंत में कलियुग का आगमन होता है। वर्तमान समय में कलियुग की सम्पूर्ण आयु समाप्त हो चुकी है और युगसंध्या का काल चल रहा है। किसी भी युग के अंत और एक नए युग के प्रारंभ के समय को युगसंध्या या संगमयुग कहा जाता है। मनुस्मृति के आधार पर कलियुग की आयु 4,32,000 साल मानी जाती है। परंतु यह उल्लेख भी मिलता है कि मनुष्यों के घोर पाप कर्मों के कारण इस आयु से 4,27,200 साल कम हो जाएंगे और कलियुग की भोग आयु केवल 4,800 साल की ही होगी। मनुस्मृति के अनुसार नीचे दिए गए श्लोक इसका प्रमाण देते हैं -

चत्त्वाय्र्जाहु सहस्राणि तत् कृतम् युगम्
तस्य तवच्छता संध्या संध्यांशश्च तथाविधः

उपर्युक्त श्लोक का मतलब है कि कलियुग के चार हजार वर्ष बाद सत्ययुग आता है। चार हजार वर्ष की उस आयु तथा उसके आरंभ और अंत की दो संध्याओं का काल उतना ही सौ वर्ष होता है।

अर्थात, कलियुग की आयु= 4,000 साल
आरंभ और अंत में दो संध्या= 400 सौ साल X2=
800 साल
यानी कुल मिलाकर कलियुग की भोग आयु 4,800
साल ही होगी।

कालांतर में पंचसखाओं में एक तथा भगवान विष्णु के परम प्रिय सखा सुदामाजी के अवतार ब्रह्म गोपाल महापुरुष अच्युतानंद दासजी ने मनुस्मृति में बतायी गयी कलियुग की 4,800 साल की भोग आयु को महाप्रभु निराकारजी के निर्देश से फिर बदलकर भविष्य मालिका में इसे 5,000 साल बताया।

"चारि लक्ष जे बतिश सहस्र,
कलियुग र अटइ आयुष ।
पाप भारा रे कलि तुटि जिब,
पांच सत्र कलि भोग होइब।"

ऊपर लिखी गई पंक्तियों में अच्युतानंद दास महाराज कहते हैं कि कलियुग की आयु 4,32,000 साल है। लेकिन मनुष्यों के पाप कर्मों की वजह से इसकी आयु कम होकर मात्र 5,000 साल ही रह जाएगी। वर्तमान में मां बिरजा पंजिका, जगन्नाथ पंजिका, कोहिनूर पंजिका आदि के हिसाब से कलियुग के आरंभ से अभी उसकी आयु का 5,125वां साल चल रहा है। इसका अर्थ यह है कि कलियुग संपूर्ण रूप से समाप्त हो चुका है और हम युगसंध्या या संगमयुग में आ चुके हैं। इसलिए वर्तमान समय में मानव समाज के कल्याण हेतु भविष्य मालिका ग्रंथों

की बहुत आवश्यकता है। महापुरुष अच्युतानंद दासजी भविष्य मालिका में कहते हैं–

"संसार मध्यरे केमंत जाणिबे नर अंगे देह बहि
गत आगत जे युग र ब्यबस्था समस्तन्कु जणा नाहीं
-(शिव कल्प नवखंड निर्घण्ट)

महापुरुष अच्युतानंद दासजी ने मालिका के एक ग्रंथ, 'शिव कल्प नवखंड निर्घण्ट' में लिखा है कि मनुष्य माया-मोह में भ्रमित हो कर युग परिवर्तन या उसके आदि-अंत में आने वाली आपदा संबंधी बातें नहीं जान पाएगा। ज्ञानीजन भी पथभ्रष्ट और भ्रमित हो जाएंगे और आध्यात्मिक संवाद में बढ़-चढ़ कर यह बोलेंगे कि अभी कलियुग की बाल अवस्था ही चल रही है।

"उदयति: यदि भानु पश्चिम दिग बिभागे,
बिकशति यदि पद्म पर्वतानां शिखाग्रे।
प्रचलति यदि मेरु शितो तापती बन्ही,
नटलर्ति खडू बाक्य सज्जनानां कदाचित।"

अर्थात, आने वाले समय में सूर्य देव पश्चिम में उदित हो सकते हैं, पर्वत की चोटी पर कमल खिल सकता है, मेरु पर्वत दक्षिण से उत्तर दिशा में जा सकता है, आग ठंडक प्रदान कर सकती है या बर्फ गर्मी भी प्रदान कर सकती है, लेकिन मालिका में लिखी महापुरुष अच्युतानंद दासजी की वाणी या कई अन्य संतों, सज्जनों और महापुरुषों की वाणी कभी नहीं बदल सकती।

अध्याय-2

'भविष्य मालिका' ग्रंथों के रचयिता कौन हैं?

सत्ययुग, त्रेतायुग, द्वापरयुग और कलियुग, इन चारों युगों में भगवान के पंचसखा इस धरती पर जन्म लेते हैं। युग के अंत में भगवान विष्णु द्वारा धर्म संस्थापना के काम में पंचसखा अपना सहयोग देते हैं। युग कर्म खत्म करने के पश्चात भगवान विष्णु गोलोक वैकुंठ को वापस लौट जाते हैं। पंचसखाओं का जन्म भगवान के अंग से ही होता है। हर युग में ये पंचसखा अलग-अलग रूपों में पृथ्वी पर अवतरित होते हैं।

भविष्य मालिका ग्रंथों और पुराणों में यह प्रमाण मिलता है कि सत्ययुग में इन पंचसखाओं का नाम था- नारद, मार्कण्ड, गार्गव, स्वयंभू और कृपाजल। सत्ययुग के अंत में अपना-अपना काम समाप्त कर ये पंचसखा फिर गोलोक वैकुंठ को लौट गए।

त्रेतायुग के अंत में भगवान श्री रामचंद्रजी द्वारा धर्म संस्थापना के समय इन पंचसखाओं ने फिर से जन्म लिया था। उस समय उनके नाम थे- नल, नील, जामवंत, शुषेण और हनुमान। हालांकि हनुमानजी ने रुद्र अवतार के रूप में जन्म लिया, फिर भी पंचसखाओं में से एक सखा बन कर श्री

रामचन्द्रजी द्वारा धर्म संस्थापना कार्य में उन्होंने प्रभुजी की सहायता की। त्रेतायुग में भी अपना-अपना काम समाप्त करने के बाद ये पंचसखा फिर गोलोक वैकुंठ को वापस लौट गए।

पंचसखाओं ने द्वापरयुग में भी जन्म लिया और कृष्णजी के आगमन और उनके द्वारा धर्म संस्थापना के कार्य में उन्होंने अपने हाथ बंटाये। द्वापरयुग में उन पंचसखाओं के नाम थे- दाम, सुदामा, सुबल, सुबाहु और श्रीबच्छ।

कलियुग का आगमन हुआ और कलियुग के अंत से लगभग 500 वर्ष पूर्व, भगवान के इन पंचसखाओं ने फिर से जन्म लिया । कलियुग में इनके नाम थे- अच्युतानंद दास, अनंत दास, यशोवंत दास, जगन्नाथ दास और बलराम दास। इन्होंने कलियुग में निराकार ब्रह्म श्री जगन्नाथजी के निर्देश से पृथ्वी पर अवतार लिया और उन्हीं के निर्देश से इस दिव्य ग्रंथ-माला 'भविष्य मालिका' की रचना की।

भगवान कहते हैं, "इस धरती पर जब-जब पापों का भार बढ़ता है, धर्म की हानि (कमी) होती है और सभी लोगों के मन में दया, क्षमा, स्नेह, प्रेम आदि के बदले हिंसा, द्वेष, क्रोध, काम, ईर्ष्या आदि भर जाती है, तब-तब अपने चारों युगों के भक्तों का दुख दूर करने, पृथ्वी पर सत्य, शांति, दया, क्षमा और प्रेम की संस्थापना कर धरती मां का बोझ हल्का करने और दुष्टों के विनाश और संतों की रक्षा करने के लिए मैं इस धरती पर अवतार लूंगा। कलियुग के अंत में कल्कि रूप में मेरे आने से पहले ही तुम पंचसखा धर्म को पुनः स्थापित करने,

चारों युगों के भक्तों के उद्धार हेतु उनके एकत्रीकरण के लिए और उनको भ्रष्टाचार के मार्ग से सत्य मार्ग पर लाने के लिए 'भविष्य मालिका' ग्रंथों की रचना करो।"

इसलिए अच्युतानंद दास जी लिखते हैं कि –

"हेतु रसाइबा पाईं कि अच्युत साहास्त्र पुराण कले।
कलि काल ठारु बलि काल जाएं हक कथा टा लेखिले"

अर्थात, भक्तों की सोयी चेतना को जगाने के लिए, महापुरुष ने कलियुग से संगम युग तक और संगम युग से सत्ययुग तक होने वाली सभी बातों की सच्चाई को भविष्य मालिका के रूप में लिख दिया है। इसको पढ़ने से कलियुग के भक्तों की चेतना जगेगी और वे भगवान को खोज कर उनकी शरण में जाएंगे।

महाप्रभु अनादि आदिकंद हरि, जगत के नाथ जगन्नाथजी ने महापुरुष अच्युतानंद दासजी को कमल की एक माला देकर निर्देश दिया था कि जिस स्थान पर इस माला के सभी फूल टूट कर बिखर चुके होंगे उसी स्थान पर तुम्हारा साधना पीठ

होगा। वे प्रभु जगन्नाथजी के निर्देश पर आज्ञा माला लेकर पवित्र श्रीक्षेत्र से निकल कर बहुत रास्तों से आगे बढ़ कर जब ओडिशा के केंद्रपाड़ा जिले में चित्रोत्पला नदी के किनारे एक पवित्र स्थान, 'नेमाल' पहुंचे, तो उसी स्थान पर माला से आखिरी फूल टूट कर गिर पड़ा और सारे फूल खत्म हो गए। शास्त्र के अनुसार सत्य युग में उसी स्थान पर समुद्र मंथन से निकला पद्म फूल भी गिरा था, इसलिए उस स्थान को पद्म वन भी कहा जाता है। महापुरुष अच्युतानंद दासजी ने उसी स्थान पर अपनी साधना आरंभ की और ध्यानमग्न होकर सत्य, त्रेता, द्वापर और कलि, चारों युगों के भक्तों का उद्धार करने के लिए लाख से भी अधिक शास्त्रग्रंथों की रचना की। वही स्थान बाद में महापुरुष अच्युतानंद दासजी के सिद्ध स्थल के रूप में लोगों के सामने आया। अच्युतानंदजी ने प्रभु के चरण कमलों में ध्यान करते हुए उस सिद्ध स्थल के बारे में लिखा है –

"श्री अच्युत दास नेमाले निवास पद्म बने तांक स्थिति,
प्रभु न्क आज्ञा रु अनुभव करि लक्षे ग्रंथ लेखिछंति।
छतिस संहिता बास्तरि गीता वंशानु सप्त बिन्स रे,
उपवंशानु द्वादस खंड बेनी भविष्य सप्त खंड रे "

अर्थात, महापुरुष अच्युतानंदजी ने उस पवित्र स्थान पर ध्यानमग्न होकर अपनी दिव्य क्षमता के बल पर लाख से भी अधिक जिन ग्रंथों की रचना की उनमें 36 संहिता, 72 गीता, 27 वंशानुचरित्र, 24 उपवंशानुचरित्र और 100 मालिका ग्रंथ भी शामिल हैं। इनको छोड़ कर बाकी चारों पंचसखाओं- अनंत

दास महाराज, यशोवंत दास महाराज, जगन्नाथ दास महाराज और बलराम दास महाराज ने भी बहुत सारे मालिका ग्रंथों की रचना की। इतने ग्रंथों की रचना करने के बावजूद पंचसखा लिखते हैं कि हम लोगों ने कुछ भी नहीं लिखा, सारे मालिका ग्रन्थों की रचना महाप्रभु की आज्ञा से विश्व मानव कल्याण हेतु हुई। सत्ययुग में तपियों, त्रेतायुग में कपियों, द्वापरयुग में गोपियों और कलियुग में भक्तों के रूप में चारों युगों के भक्त इस अनंत युग में फिर से धरती पर आए हैं। उनकी सोयी चेतना को जगाने के लिए और प्रभु की लीला में शामिल होने का समय आ गया है, इस विषय में जागृति पैदा करने के लिए और गोलोक वैकुंठ के पूर्ण संस्कार को जगाने के लिए पंचसखाओं के द्वारा मालिका ग्रंथों की रचना हुई। भक्त चाहे विश्व के किसी भी कोने में रहें, मालिका सुनने और पढ़ने के बाद ही उनकी पूर्व चेतना जगेगी, उनको प्रभु के आगमन के विषय में पता चलेगा और वे सब प्रभु की शरण में आ जायेंगे। चारों युगों के भक्त प्रभु के श्रीचरणों में आकर शरण लेंगे और अनंतयुग में धर्म संस्थापना के काम में योगदान करेंगे। महाप्रभु का पता पाने के बाद भक्त उनके द्वारा सत्ययुग के लिए दिए गए नीति-नियमों का पूरे विश्व में प्रचार-प्रसार करेंगे। भक्तजन प्रभु के नाम, गुण और महिमा की जय-जयकार करेंगे और धर्म संस्थापना के काम में अपने आपको लगाएंगे। इस विषय में अच्युतानंदजी लिखते हैं–

**"भकते उदे होइबे, गां गां बुलि मेलि करिबे, रामचन्द्र रे।
हरि चरणे भजिबे, रामचन्द्र रे"**

अर्थात, भक्त लोग जहां भी जाएंगे, मिल-जुल कर भजन-कीर्तन करेंगे और धर्म का प्रचार करेंगे।

पंचसखा परिचय-

महापुरुष अच्युतानंदजी का जन्म सन् 1485 में ओडिशा के केन्द्रपाड़ा जिले के तिलकणा (जिसे त्रिपुरा भी कहा जाता है) गांव में पिता दीनबंधु खुंटिया और मां पद्मावती जी से हुआ। महापुरुष अच्युतानंद दास जी ने 1,85,000 ग्रंथों की रचना की। एक साल ज्येष्ठ शुक्ल एकादशी पर नेमाल पीठ में समाधिस्थ होकर वे बैठे और पूर्णिमा के दिन अपनी इच्छा से अपने भौतिक शरीर का अंत कर शून्य में ही अंतर्धान हो गए। उनके ग्रंथों में हरिवंश पुराण, गोपालन्क ओगाल ओ लउडि खेल, बारमासि गीता, शून्य संहिता, अणाकार ब्रह्म संहिता, मणिबंध गीता, जुगाब्धि गीता, बीजसागर गीता, अभेद कबच,

अष्ट गुज्जरी नब गुज्जरी, शरण पंजर, स्त्रोत, बीप्र बाचक, मान महिमा और बहुत सारे भजन, पटल, रास, जणाण, चउतिसा (ओड़िया भाषा के 34 अक्षर से शुरु होने वाली 34 पद वाली कविता को चउतिसा बोला जाता है), टीका, मालिका आदि श्रेष्ठ हैं।

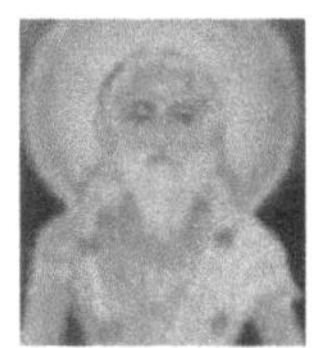    

महापुरुष शिशु अनंत दास ने ओडिशा में पुरी जिले में भुवनेश्वर के निकट बालिपाटणा गांव में सन् 1488 में पिता कपिलेन्द्र और मां गौरा देवी से जन्म लिया। उन्होंने भी बहुत सारे ग्रंथों और मालिका की रचना की जिनमें हेतु उदय भागवत, भक्ति मुक्ति दायक गीता, शिशु बेद टीका, शून्य नाम भेद, अर्थ तारेणी, उदे बाखरा, ठीक बाखरा और बहुत सारे भजन, चउतिसा, मालिका ग्रंथ आदि मुख्य हैं।

श्री जगन्नाथ दासजी महाराज का जन्म ओडिशा के पुरी जिले में कपिलेश्वर गांव में हुआ। उनके पिता का नाम भगवान दास और मां का नाम पद्मावती था। संस्कृत श्रीमद्भागवत के बाद उन्होने सबसे पहले ओड़िया भाषा में श्रीमद्भागवत महापुराण और उसके बाद बहुत सारे शास्त्रों और भविष्य मालिका ग्रंथों की रचना की। उनके ग्रंथों में प्रमुख ये हैं- षोल चउपदि, चारि चउपदि, तुलाभिणा, दारु ब्रह्म गीता, दीक्षा संबाद, अर्थ कोइलि, मृगुणी स्तुति, गुप्त भागवत, अनामय

कुंडली, श्रीकृष्ण कल्पलता, नित्य गुप्त चिंतामणि, नीलाद्री बिलास, कलि मालिका तथा इंद्र मालिका ग्रंथ। उनके शास्त्र ज्ञान और भक्ति पर मुग्ध होकर श्री चैतन्य महाप्रभु ने उनको 'अतिबडि' उपाधि से विभूषित किया था।

महापुरुष बलराम दासजी ने ओडिशा के पुरी जिले में चन्द्रपुर गांव में सन् 1470 (कहीं-कहीं पर सन् 1482 भी बताया गया है) में पिता शोमनाथ महापात्र और मां महामाया देवी के पुत्र के रूप में जन्म लिया। दाढ्यता भक्ति, दांडी रामायण, ब्रह्मांड भूगोल, बउला गाई गीत, कमल लोचन चउतिसा, कान्त कोइलि, लक्ष्मी पुराण, बेढा परिक्रमा, सप्तांग योगसार टीका, बज्र कबच, ज्ञान चूड़ामणी (गद्य), ब्रह्म टीका (गद्य) आदि बहुत सारे शास्त्रों और मालिका ग्रंथों की रचना की। उनका देहांत पुरी जिले में समगरा पाट नामक जगह पर हुआ।

महापुरुष यशोवंत दासजी का जन्म ओडिशा के कटक जिले में अढंग के निकट नंदी ग्राम में क्षेत्रीय वंश में सन् 1482 (कहीं-कहीं पर 1486 भी लिखा गया है) में पिता बलभद्र मल्ल और मां रेखा देवी से हुआ। वह चौरासी आज्ञा, शिब स्वरद्वय, षष्ठीमला, प्रेम भक्ति ब्रह्म गीता, टीका गोबिंद चन्द्र (करुण रस से भरी हुई कविता होने के कारण यह बंगाल, असम से लेकर उत्तर भारत के बहुत सारे क्षेत्रों में विख्यात है) आदि कई शास्त्रों के साथ-साथ बहुत-से मालिका ग्रंथों की रचना की। उन्होंने मार्गशीर्ष शुक्ल पक्ष षष्ठी (ओढणी षष्ठी) में शरीर त्याग दिया।

पंचसखा आध्यात्मिक तत्वज्ञान से संपन्न थे। वे लोग हर समय निराकार के साथ सूक्ष्म संपर्क में रहते और निराकार

उन्हें आगत भविष्य के बारे में जो कुछ बताते वे उन्हीं बातों को भविष्य मालिका ग्रंथों में लिखते जाते। इसके बारे में ब्रह्म गोपाल महाज्ञाता अच्युतानंदजी उल्लेख करते है-

"आगम भाव जाणे यशोबंत
गारकटा जंत्र जाणे अनंत
आगत नागत अच्युत जाणे
बलराम दास तत्व बखाणे
भक्ति र भाव जाणे जगन्नाथ
पंचसखा ए ओडिशा महन्त।
म्लेच्छ पतित उद्धारिबा पाईं
जनम लभिले ओडिशा भुईं।"

उपरोक्त पंक्तियों का भावार्थ है कि-

*पंचसखाओं में से श्री यशोबंत दास महाराज आगम और निगम के संबंध में सभी बातों को जानने में समर्थ थे।

*महापुरुष शिशु अनंत दास महाराज सांकेतिक गणित के माध्यम से भविष्य जानने में माहिर थे।

*महापुरुष अच्युतानंद दास महाराज अतीत, वर्तमान और भविष्य आदि के जानकार तथा तत्वज्ञान-संपन्न थे।

*महापुरुष बलराम दास महाराज शास्त्र और ब्रह्मांड के तत्वज्ञान से संपन्न थे।

*अठारहों पुराणों के भक्ति-तत्व का ज्ञान सबसे अधिक महापुरुष जगन्नाथ दासजी महाराज को ही था।

पंचसखाओं ने भविष्य मालिका के माध्यम से जो भविष्यवाणी की है उसमें खास तौर पर श्री जगन्नाथजी तथा निराकारजी के निर्देश से भक्तजनों का उद्धार, भक्त और भगवान का मिलन, पापियों और दुराचारियों का विनाश तथा दिव्य सत्ययुग के आरंभ के विवरण शामिल हैं। वे सब ग्रंथ ही अभी मनुष्य समाज के लिए संजीवनी हैं।

ब्रह्मांड में महाविनाश का समय अब बिल्कुल निकट आ चुका है। ऐसे संधि-समय में भविष्य मालिका का अनुसरण करके महाप्रभुजी के नाम और उनकी शरण में जाने के सिवा और कोई रास्ता नहीं है।

अध्याय-3
चतुर्युग गणना के संबंध में विचार

ब्रह्मांड तत्व के अनुसार संसार में क्रम से चार युगों का भोग होता है। उन चार युगों के नाम हैं- सत्ययुग, त्रेतायुग, द्वापर युग और कलियुग। सत्ययुग की आयु 17,68,000 साल होती है और इस युग में धर्म के चार पैर होते हैं- सत्य, स्वच्छता, दया और क्षमा। इन चार पैरों के कारण सत्य युग में हर कोई खुशहाल जिंदगी जीता था और मानव समाज में सुख, शांति, समृद्धि और स्थायित्व था।

सत्ययुग के बाद त्रेतायुग का आगमन होता है। इस युग की आयु 12,96,000 साल है। इस युग में धर्म के तीन ही पैर रहते हैं- सत्य, दया और क्षमा। इस युग में धर्म का जो एक पैर समाप्त हो जाता है उसका नाम है स्वच्छता।

इस युग के बाद युग चक्र के हिसाब से द्वापरयुग का आगमन होता है। इस युग की आयु 8,64,000 साल है। इस युग में धर्म के सिर्फ दो पैर ही रह जाते हैं-सत्य और क्षमा।

इन तीन युगों के बाद जो चौथा और आखिरी युग आता है वह कलियुग है। कलियुग की आयु 4,32,000 साल है। इस युग में धर्म के तीन पग चले जाते हैं और सिर्फ एक ही पग बाकी रह जाता है- सत्य। कलियुग का अंत आते-आते वह एक पैर

भी समाप्त हो जाता है। वैवस्वत मनु की मनुस्मृति के अनुसार कलियुग के अंत समय में धर्म केवल दान के माध्यम से टिका रहता है। लेकिन भविष्य मालिका में महापुरुष पंचसखा ने कलियुग की आयु और मनुस्मृति में लिखे गये समय और स्थिति के विवरण में प्रभुजी की आज्ञा से सुधार कर युग व्यवस्था का एक नया और विस्तृत वर्णन किया।

महापुरुष अच्युतानंदजी भविष्य मालिका में लिखते हैं-

**"धर्म चारिपाद निश्चय कटिब हरि आश्रा कर नर,
सुकर्म कुकर्म बिचारी पारिले पाद पद्मे स्थान पाई"**

अर्थात, कलियुग पूर्ण होने के समय धर्म के चार पैर समाप्त हो जाने के साथ बड़ी-बड़ी आपदाएं पृथ्वी पर आएंगी। महापुरुष उक्त समय को 'संगमयुग' या 'युगसंध्या' का नाम देते हैं। उन्होंने सबको यह भी बताया कि हरि के नाम-गुण का भजन करके, मालिका ग्रंथ का अनुसरण कर वैदिक धारा में चलने वाले मनुष्य सत्ययुग में जा सकते हैं।

**"चत्त्वार्ज्जहु सहस्त्राणि तत् कृतम् युगम्,
तस्य तवच्छता संध्या संध्यांशश्च तथाविधः:**

मनुस्मृति से लिये गये उपरोक्त श्लोक का भावार्थ है- चार हजार वर्ष के बाद सत्ययुग आता है। चार हजार वर्ष की उक्त आयु तथा उसके आरंभ और अंत की संध्या का काल अलग-अलग उक्त आयु का दसवां हिस्सा होता है।

अर्थात, कलियुग की आयु= 4,000 साल

कलियुग के आरंभ और अंत की दो संध्याओं का काल= 400X2= 800 साल

कुल योग 4,800 साल कलियुग का भोग समय बताया गया है।

> **"चत्त्वार्ज्जद सहस्राणि चत्त्वार्ज्जद शतानिचम्,
> कलेज्र्यदा गमिस्यंति तदापूर्वम् युगाश्रितम्।"**
>
> **- (निर्णय सिंधु)**

निर्णय सिंधु से लिए गए उपरोक्त श्लोक में स्पष्ट रूप से कहा गया है कि 4000 सालों के अलावा कलियुग का आरंभ संध्या समय 400 साल और फिर उसके बाद के अगले युग के प्रारंभ का संध्या समय 400 साल मिला कर कलियुग को कुल 4,800 साल का भोग होगा।

> **"अदाश्वत्वः सहस्राणि कलै चतुः शतानिचम्,
> गते गिरि बरेहि श्री नाथ प्रादुर्भविष्यतिं।"**
>
> **- (गर्ग संहिता)**

गर्ग संहिता से लिये गये इस श्लोक का भावार्थ है कि कलियुग के 4,000 साल भोग होने के बाद इसके संध्या समय के 400 साल बाद भगवान महाविष्णु धरती पर अवतार लेंगे और पाप के भार का अंत करेंगे।

मनुस्मृति, निर्णयसिंधु और गर्गसंहिता जैसे उपरोक्त शास्त्रों में कही गयी बातों के अनुसार कलियुग की आयु 4,000 साल है। इसका दसवां हिस्सा 'संध्या समय' यानी 400 साल है। कलियुग की शुरुआत में संध्या समय 400 साल भोग होगा।

अर्थात् 4000+ (400+400)= 4800 साल मात्र कलियुग को संपूर्ण आयु भोग होगा।

लेकिन इन सब शास्त्रों की रचना के हजारों साल बीतने के बाद इस कलियुग में आज से लगभग 600 साल पहले महापुरुष पंचसखाओं ने भविष्य मालिका की रचना की। निराकार के निर्देश से पंचसखाओं ने अपने मालिका ग्रंथों में पुराने शास्त्रों के मत को थोड़ा संशोधित किया और कलियुग की 4,800 साल की भोग आयु में 200 साल जोड़कर कलियुग की पूरी आयु 5,000 साल बतायी।

"चारि लक्ष जे बतिश सहस्र,
कलियुग र अटइ आयुष
पाप भारा रे कलि तुटिजिब,
पांच सहस्र कलि भोग होइब।।"
(भक्त चेतावनी- अच्युतानंद)

महापुरुष अच्युतानंदजी निराकार की आज्ञा से अपने ग्रंथ 'भक्त चेतावनी' में प्रमाण देते हैं कि कलियुग का संपूर्ण भोग समय 4,32,000 साल है। परंतु पाप के भार से इसका क्षय होकर कलियुग को मात्र 5,000 साल का भोग होगा।

"ठिकणा अमर पुर,
ठाकुर तहीं रु हेबे बाहार, रामचन्द्र रे,
ठारि पांच सहस्र कु धर, रामचन्द्र रे"
(भविष्यत चउतिसा, अच्युतानंद)

महापुरुष अच्युतानंद अपने ग्रंथ 'भविष्यत चउतिसा' में भी प्रमाण देते हैं कि कलियुग को सिर्फ 5,000 साल का भोग होगा। उपरोक्त पंक्तियों में अच्युतानंद जी ने स्पष्ट रूप से कहा कि नीलाचल धाम, श्री जगन्नाथ धाम पुरी से ही भगवान श्री जगन्नाथजी मनुष्य रूप में कल्कि अवतार धारण करेंगे और उस समय कलियुग को 5,000 साल भोग हुआ होगा। अर्थात, अपनी आयु के 5,000 साल बाद जब कलियुग समाप्त होगा तब महाप्रभु जगन्नाथजी मनुष्य रूप से धरती पर अवतार लेंगे।

"ठिकणा अच्युत कले,
'ठ' तिनी बामे पांच रखिले रामचन्द्र हे।
ठकि जिब मिन शनी भले रामचन्द्र हे।।"
(भविष्यत मालिका- अच्युतानंद)

पुनः महापुरुष अच्युतानंद जी अपने ग्रंथ 'भविष्यत मालिका' में कहते हैं कि 'ठ' (उड़िया भाषा में '0') तीन बार लिख कर उसके बाएं तरफ पांच (5) लिखने से जितना होगा, अर्थात, कलियुग को 5,000 साल भोग होने के बाद जब शनि मीन राशि में प्रवेश करेंगे (यह सन् 2025 का संकेत करता है) उस समय मनुष्य समाज के लिए भयानक आपदा आ पहुंचेगी और उसी समय भक्त लोग मालिका ग्रंथों का अनुसरण करेंगे तथा उनको समझ पाएंगे।

"एबे पांच ठिक कहिबा शुण,
बारंग बिचारे चित्त रे घेन।
पांच सहस्त्र जेतेबेले हेब,

संपूर्ण लीला प्रकाश होइब"
(महागुप्त पद्मकल्प- शिशु अनंत दास)

पंचसखाओं में एक महापुरुष श्री शिशु अनंत दास महाराज ने अपने ग्रंथ 'महागुप्त पद्मकल्प' में कलियुग के बारे में कहा है कि कलियुग 5,000 साल में पूर्ण होगा और तब भक्त और भगवान की लीला का प्रकाश होगा।

"बारंग बोलइ शुणिमा गोसाईं कुह भविष्य बिचार,
केतेबेले कल्कि अवतार हेबे शुणईं मुखु तुंम्भर।
शिशु बोलंति हे शुणिमा बारंग कलंकी स्वरूप होइ,
युग संधि पांच सहस्त्र बरष जेबे जिब भोग होइ।
जेसनेक निशि पाहिले प्रभात युग संधि एहा जांच,
सेमंत समये कलंकी स्वरूप हेबे प्रभु नारायण।
समक्षरा बता शुणि आदिकरि प्रमाण एहाकु कर,
सबु एक ठाबे मिशाइ कहिण करिबु पांच हजार।
एहि समय कु लये करिथिबु कहिलि हे बाबु तोते,
ठिकरे ए कथा देखाइ कहिलु रखिथिबु हृद गते"
(आगत भविष्यत- शिशु अनंत)

पुनः महापुरुष श्री शिशु अनंतजी महाराज अपने ग्रंथ 'आगत भविष्यत' में अपने शिष्य बारंग के सवाल का जवाब देते हुए कहते हैं कि कलियुग के संध्या समय यानी संगम युग में भगवान नारायण कल्कि अवतार धारण करेंगे और उस समय कलियुग के 5,000 साल बीत चुके होंगे।

"संबश्वर पांच सहस्त्र कलि होइब शेष,
सत्य युग आद्य होइब शुभ जोगे प्रकाश।
साधु संत माने बसिबे सभा आरंभ करि,
सेहि समस्त न्कु पुजिबे पटुआर आबोरि।
हरि शबद रे मातिबे हरि भकत माने,
हरष होइबे हृद रे दुःखी दरिद्र माने।
फिटिब प्रजा न्क कषण कष्ट होइब नाश,
क्षमे हाडि दास भणिले आगत जे भविष्य।
(कलि चउतिसा- हाडि दास)

पंचसखाओं के देहावसान के बाद, ओडिशा के छतिया बट के महंत तथा दिव्यद्रष्टा महापुरुष हाडि दासजी महाराज जिन्हें महापुरुष अच्युतानंद जी के नौवें जन्म के अवतार के रूप में जाना जाता है और जिनके बारे में मालिका में भी काफी प्रमाण हैं, वह भी अपनी दिव्य दृष्टि से अपने ग्रंथ 'कलि चउतिसा' में भक्तों के कल्याण हेतु तथा मानव समाज को चेतावनी देते हुए लिखते हैं कि 5,000 साल में कलियुग समाप्त होगा और उसके बाद संध्यायुग यानी आदि सत्ययुग का प्रकाश होगा।

उसी समय भगवान कल्कि धरती पर मानव रूप में अवतार लेकर समाज के पाप-भार का निवारण करेंगे तथा सत्य, शांति, दया, क्षमा, मैत्री और धर्म की संस्थापना करेंगे।

उस समय भगवान कल्कि, सुधर्मा महा-महासंघ का गठन करेंगे और सारे विश्व में सुधर्मा महा-महासंघ और सनातन धर्म का प्रचार करेंगे। साधु-संत लोग ग्राम, नगर, देश और पूरे विश्व

में सनातन धर्म का प्रचार करेंगे। साधु-संतों का कष्ट दूर होगा और दुष्टों का विनाश होगा। भक्तों के लिए शुभ और आनंद के दिन आएंगे। सारे विश्व में सत्य का वातावरण दिखेगा।

"निश्व अवतार अबनी ऊपर निलांबर पुर बास,
निश्चे पांच सत्र भोग र अंतेण होइथिबु जे नरेश"
(उद्धव भक्ति प्रदायिनी- अच्युतानंद)

महापुरुष अच्युतानंद जी के 'उद्धव भक्ति प्रदायिनी' ग्रंथ में श्री कृष्ण और उद्धव के बीच संवाद होता है जिसमें उद्धव के प्रश्न का उत्तर देते हुए श्रीकृष्ण कहते हैं कि कलियुग के पांच हजार साल भोग होने के बाद महाप्रभु अपना नीलाचल धाम त्याग कर कल्कि अवतार के लिए मानव शरीर धारण करेंगे।

"चहटिब लीला तु चारि रे मिशा एक,
चढा तिनि शुन तहिं जेते हेला ठीक।
चलिजिब घोर कलि दलिदेबे मिलि,
चेताइण गीते कहे अच्युत जे भालि।"
(भविष्यत मालिका- अच्युतानंद)

महापुरुष अच्युतानंद जी अपने ग्रंथ 'भविष्यत मालिका' में कहते हैं कि कलियुग के पांच हजार वर्ष भोग होने पर भगवान कल्कि अवतार लेंगे और लीला करेंगे।

"कलियुग पांच सहस्र गले,
बिष्णु जे जनम होइबे भले।
पांच सहस्र रे नर शरीरे,

बिष्णु जे राजुति करिबे भले” –
(पट्टा मडाण- शिशु अनंत)

महापुरुष शिशु अनंत महाराज अपने मालिका ग्रंथ 'पट्टा मडाण' में वैसे ही प्रमाण देते हैं कि पांच हजार साल में कलियुग समाप्त होने पर भगवान विष्णु चौंसठ कलाओं के साथ धरती पर मानव रूप धारण कर कल्कि अवतार में आएंगे और विश्व में राज करेंगे।

“ए जे सुबाहु जुग कलि,
क्षिण आयुष महाबली।
पापे सकल क्षय जिब,
पांच सहस्र भोग हेब।”
(आदि संहिता- अच्युतानंद)

महापुरुष अच्युतानंदजी ने अपने ग्रंथ 'आदि संहिता' में लिखा है कि कलियुग की आयु 4,32,000 साल है। लेकिन मनुष्य कृत पाप-कर्मों की वजह से उसकी संपूर्ण आयु क्षय हो कर क्षीण हो जाएगी, सिर्फ और सिर्फ पांच हजार साल ही भोग होगा।

महापुरुष अच्युतानंद जी और सभी महापुरुषों के मालिका ग्रंथों से यही प्रमाणित होता है कि कलियुग की कुल परमायु 4,32,000 साल है। लेकिन मनुष्य कृत घोर पाप कर्मों की वजह से युग क्षय हो जाने के कारण उसे मात्र पांच हजार साल का भोग होगा। उस समय संगम युग में भगवान कल्कि अवतार धारण करके धर्म संस्थापना करेंगे।

अध्याय-4
कौन-कौन-से पाप कर्मों द्वारा कलियुग का पतन होगा?

चतुर्युग गणना के अनुसार कलियुग को 4,32,000 साल भोग होना चाहिए। लेकिन मनुष्य के पाप कर्मों की वजह से युग की आयु क्षय होती है। भविष्य मालिका ग्रंथों के अनुसार जिन 35 प्रकार के पापों के कारण कलियुग की आयु क्षय होने वाली है उनके नाम इस प्रकार हैं-

1. पितृ हत्या
2. मातृ हत्या
3. स्त्री हत्या
4. शिशु हत्या
5. गौ हत्या
6. ब्रह्म हत्या
7. भ्रूण हत्या
8. मातृ हरण
9. भगिनी हरण
10. कन्या हरण

11. भाई की पत्नी का हरण
12. विधवा स्त्री हरण
13. पराई स्त्री हरण
14. स्त्री हरण
15. गर्भवती स्त्री हरण
16. कुमारी हरण
17. पशु हरण
18. भूमि हरण
19. पराया धन हरण
20. म्लेच्छ वेश धारण
21. न खाने योग्य खाद्य को खाना
22. अगम्य में गमन
23. अति निराश
24. कुटुंब वैराग्य
25. मित्र के साथ कपट
26. विश्वासघात
27. निम्न जाति के संग प्रीत करना
28. नग्न स्नान करना
29. नग्न शयन करना
30. मिथ्या भाषण
31. शास्त्रों की निंदा करना

32. गौ चारागाह, श्मशान भूमि पर कब्जा

33. माता तुलसीजी की पूजा न करना

34. विष्णु प्रतिमा को न पूजना

35. पिता-माता की भक्ति न करना

उपर्युक्त पाप कर्मों की वजह से कलियुग की आयु क्षय हो कर उसे 5,000 साल ही भोग होगा। ये सब बातें महापुरुष अच्युतानंद जी ने अपनी 'उद्धव भक्ति प्रदायिनी' ग्रंथ में लिखी हैं। इसमें उद्धव और महाप्रभु श्री कृष्ण के बीच बातचीत होती है जिसके अंतर्गत कलियुग के अंत के बारे में उद्धव द्वारा पूछे गए सवाल का जवाब देते हुए श्री कृष्ण ने स्पष्ट किया है कि–

"चारि लक्ष अटे बतिस सहस्त्र आयुष ए कलियुग।
पाप बढिबारु आयु कटिजिब अलप होइब भोग।।"
('उद्धव भक्ति प्रदायिनी'- अच्युतानंद)

अर्थात, कलियुग की 4,32,000 साल आयु क्षय हो कर उसे सिर्फ 5,000 साल ही भोग होगा।

द्वापर युग में भगवान श्री कृष्ण जी के साथ उनके परम सखा अर्जुन का संवाद हुआ और उस समय अर्जुन महाप्रभु श्री कृष्ण से कलियुग के अंत, धर्म संस्थापना और भगवान कल्कि के अवतार के संबंध में प्रश्न करते हैं। तब भगवान श्री कृष्ण अर्जुन से बहुत सारी लीलाओं का वर्णन करते हैं और महापुरुष अच्युतानंद महाराज ने उन्हीं बातों को 'चउषठि पटल', 'नील सुंदर गीता' आदि अपने अनेक ग्रंथों में लिखा है।

अर्जुन ने महाप्रभु श्री कृष्ण से प्रश्न किया कि कलियुग की आयु को अगर 4,32,000 साल भोग होना तय था और पापों की वजह से उसका क्षय हो कर 5,000 साल भोग होगा, तो फिर "हे भगवान, अब कृपा करके मुझे बताइए कि कौन-कौन-से पाप कर्मों के कारण कलियुग की आयु का कितना क्षय होगा"।

तब भगवान श्री कृष्ण वैसे मुख्य पाप कर्मों का वर्णन करते हैं-

- ❖ झूठ बोलने के कारण: 5000 साल

- ❖ गंगा में नग्न स्नान करने से: 12000 साल

- ❖ द्विज द्वारा अन्यत्र प्रीति करने से: 30000 साल

- ❖ मित्र से वैर के पाप से: 6000 साल

- ❖ महाविष्णु की प्रतिमा की पूजा न करने से:17000 साल

- ❖ माता तुलसी देवी की पूजा न करने से: 5000 साल

- ❖ अतिथि की सेवा न करने से: 6000 साल

- ❖ भाई से वैर के पाप से: 40000 साल

- ❖ न खाने योग्य चीजों को खाने से: 8000 साल

- ❖ दूसरों का धन हर लेने से: 10000 साल

- ❖ गौ हत्या के पाप से: 100000 साल

- ❖ दान का गलत तरीके से उपयोग करने से: 14000 साल

- ❖ विधवा स्त्रियों के साथ गलत काम करने से: 24000 साल

❖ जीव हत्या के पाप से: 11000 साल

❖ जाति, धर्म, वर्ण के नियम को न मानकर प्रीति करने से: 12000 साल

❖ भ्रूण हत्या के पाप से: 7000 साल

❖ स्त्री हत्या के पाप से: 32000 साल

❖ गौ चारागाह और श्मशान भूमि पर कब्जा करने से: 40000 साल

❖ माता का हरण करने के पाप से: 5000 साल

❖ विश्वासघात करने के पाप से: 40000 साल

❖ पिता-माता हत्या और अन्याय पापों से: 3000 साल

इस प्रकार कलियुग की आयु 4,32,000 साल से 4,27,000 साल घटकर मात्र 5,000 साल रह जाएगी।

उपरोक्त विचार, विभिन्न शास्त्र-पुराण और मालिका ग्रंथों से यह प्रमाण मिलता है कि अनेक पाप कर्मों के कारण ही युग की आयु कम होती है और इस कलियुग की आयु में भी उसी वजह से कमी हो कर उसे सिर्फ 5,000 साल भोग होगा। साथ ही, शास्त्र-पुराण में वर्णित गणना के अनुसार वर्तमान में कलियुग का 5,125वां साल चल रहा है। अर्थात, कलियुग पूरे तौर पर समाप्त हो चुका है।

अध्याय-5
धर्म संस्थापना के लिए भगवान विष्णु के दशावतार

श्रीमद्भागवत गीता में भगवान श्री कृष्ण ने अर्जुन से कहा है-

"यदा यदा हि धर्मस्य ग्लानिर्भवति भारत।

अभ्युत्थानमधर्मस्य तदात्मानं सृजाम्यहम् ॥४-७॥

परित्राणाय साधूनां विनाशाय च दुष्कृताम्।

धर्मसंस्थापनार्थाय सम्भवामि युगे युगे ॥४-८॥"

उपरोक्त श्लोक में स्पष्ट रूप से कहा गया है कि जब-जब धर्म की हानि होती है, तब-तब मैं आता हूं। जब-जब अधर्म बढता है, तब-तब मैं आता हूं। सज्जनों की रक्षा के लिए मैं आता हूं, दुष्टों का विनाश करने के लिए मैं आता हूं, धर्म की संस्थापना के लिए मैं आता हूं और   युग-युग में मानव रूप में जन्म लेता हूं।

गोस्वामी तुलसीदास जी ने अपने ग्रंथ रामचरित मानस में भी कहा है कि-

"जब -जब होई धरम की हानी,

बाढ़हि असुर अधम अभिमानी,

**तब-तब धरि प्रभु विविध शरीरा,
हरहि दयानिधि सज्जन पीरा"**

इन पंक्तियों में गोस्वामी तुलसीदास जी ने कहा है कि जब-जब धर्म की हानि होती है, असुर, दुराचारी लोगों का अधर्म, अत्याचार, दुराचार बढ़ जाता है, तब-तब कृपा निधान भगवान विष्णु विभिन्न शरीर यानी अवतार धारण करते हैं। असुरों का संहार कर वे साधु-संत मनुष्यों व देवताओं का उद्धार करते हैं।

इस तरह भगवान विष्णु ने विभिन्न युग में विभिन्न अवतार लिए हैं। सत्ययुग में भगवान नारायण ने पांच अवतार लिए थे- मत्स्य अवतार, कच्छप/कूर्म अवतार, वराह/शूकर अवतार, नरसिंह अवतार और वामन अवतार। वैसे ही त्रेतायुग में भगवान नारायण ने दो अवतार लिए- राम अवतार और परशुराम/ भृगुपति अवतार। फिर द्वापर युग में भगवान नारायण ने दो अवतार लिए थे- कृष्ण अवतार और हलधर/ बलराम अवतार।

इस कलियुग में भगवान नारायण कुल तीन अवतार लेंगे, ऐसा बताया गया है। लेकिन दशावतार में उनमें से दो का ही वर्णन किया गया है। कवि जयदेव महाराज के 'गीत गोविन्द' तथा 'भागवत शास्त्र आदि अनेक ग्रंथों में प्रभु के दशावतार के विषय में वर्णन मिलता है। उन दशावतारों के बारे में संक्षिप्त विवरण निम्नलिखित है-

1. मत्स्य अवतार-

श्रीमद्भागवत महापुराण में भगवान के मत्स्य अवतार के बारे में महर्षि वेदव्यासजी लिखते हैं-

"आसीदतीतकल्पान्ते ब्राह्मो नैमित्तिको लयः।
समुद्रोपप्लुतास्तत्र लोका भुरादयो नृप।।
कालेनागतनिद्रस्य धातुः शिशयिषोर्बली।
सुखतो निःशृतान वेदात् हयग्रीवोन्धन्तिकेन्धहरत्।।
ज्ञात्वा तह्दानबेन्द्रस्य हयग्रीवस्य चेष्टितम्।
दधार शफरीरूपं भगवान हरिरीश्वर।।
अतीतप्रलयापाय उत्थिताय स बेधसे।
हत्वासुरं हयग्रीवं वेदान् प्रत्याहरंधरिः।।"

-श्रीमद्भागवत महापुराण-मत्स्यावतारकथा-अष्टमःस्कन्ध-चतुर्विंशोऽध्यायः

श्री जयदेवजी मत्स्य अवतार के बारे में अपने 'गीत गोविन्द' में लिखते हैं-

"प्रलय पयोधि जले धृतवानसि वेदम्।
विहितवहित्रचरित्रमखेदम्।।
केशव धृतमीनशरीर
जय जगदीश हरे।।"

Matsya Avatar of Vishnu

उपरोक्त दोनों श्लोकों में यही उल्लेख मिलता है कि मत्स्य अवतार में प्रकट हो कर प्रभु ने क्या किया था। भगवान विष्णु ने विनाशकारी प्रलय से मनु की नौका द्वारा मानव जाति की रक्षा की थी। उन्हीं के माध्यम से भगवान विष्णु ने धर्म संस्थापना का कार्य किया था।

हयग्रीव नामक एक दानव ने वेदों को चुराया था और खुद को गहरे समुद्र के पानी में छिपा लिया था। भगवान विष्णु ने मत्स्य अवतार लिया, हयग्रीव को मारने के लिए उससे भयंकर युद्ध किया और वेदों का उद्धार कर उन्हें भगवान ब्रह्मा को लौटा दिया। भगवान विष्णु ने मत्स्य अवतार में सप्त ऋषियों का भी उद्धार किया था।

2. कच्छप/कूर्म अवतार-

श्रीमद्भागवत महापुराण में महर्षि वेदव्यास ने कच्छप अवतार के बारे में लिखा-

"पृष्ठे भ्राम्यदमन्दमन्दरगिरि- ग्रावाग्रकण्डूयनानिद्रालो कमठाकृतेर्भगवतः श्वासानिलाः पान्तु वः।
यतसंस्कार कलानुवर्त्तन बशाद् बेलानिभेनायसां जतायातमतंद्रितं जलनिधेर्नाद्यापि विश्राम्यति।।" –
-श्रीमद्भागवतपुराणम्/स्कंध: १२/अध्यायः १३

अर्थात, कूर्म यानी कच्छप (कछुआ) अवतार में भगवान विष्णु ने स्वयं को दूध के समुद्र के तल पर रखा और समुद्र मंथन के लिए अपनी पीठ को मंदराचल पर्वत का आधार या धुरी बना दिया।

जब देवताओं को राक्षसों के हाथों अपने अधिकार खोने का भय होने लगा, तब भगवान विष्णु ने उन्हें सागर मंथन करने का सुझाव दिया ताकि वे उस अमृत की प्राप्ति कर सकें जो उन्हें शक्तिशाली और अमर बना देगा। समुद्र मंथन में दैत्यों की सहायता प्राप्त करने के लिए देवताओं ने दैत्यों के साथ समझौता किया और सभी वस्तुओं को प्राप्त करने के लिए उन्होंने मिलकर समुद्र मंथन किया।

जयदेवजी ने अपने 'गीत गोविंद' में कच्छप अवतार के बारे में लिखा-

"क्षितिरतिविपुलतरे तव तिष्ठति पृष्ठे।
धरणिधरणकिणचक्रगरिष्ठे।।
केशव धृतकच्छपरूप
जय जगदीश हरे।।"

इसका अर्थ है कि जब पृथ्वी पर अंधेरा ही अंधेरा था तब उजाला लाने के लिए भगवान विष्णु ने कच्छप अवतार लिया और पृथ्वी को अपनी पीठ पर उठाकर सूर्य के कक्ष पथ पर स्थापित किया।

3. वराह अवतार-

श्रीमद्भागवत महापुराण में महर्षि वेदव्यास ने वराह अवतार के बारे में लिखा-

"तमालनील॰ सितदंतकोट्या
क्षमामुक्षिपंत॰ गजलीलयांग।

प्रज्ञाय बंध्धाजलयोंधनुवाकै-
र्बिरंचि मुख्या उपतस्थुरीशम्।।"

कवि जयदेवजी अपने ग्रंथ 'गीत गोविंद' में वराह अवतार के बारे में लिखते हैं-

"वसति दशनशिखरे धरणी तव लग्ना।
शशिनि कलंककलेव निमग्ना।।
केशव धृतसूकररूप
जय जगदीश हरे।।"

Varaha Avatar

अर्थात, हिरण्याक्ष नामक एक राक्षस पृथ्वी को समुद्र के नीचे घसीट ले गया। तब पृथ्वी की रक्षा करने के लिए भगवान

विष्णु ने सूअर (वराह) का रूप धारण किया और हजारों वर्षों के युद्ध के बाद उन्होंने हिरण्याक्ष का वध करके पृथ्वी का उद्धार किया।

4. नरसिंह अवतार-

श्रीमद्भागवत महापुराण में महर्षि वेदव्यास ने नरसिंह अवतार के बारे में कहा है कि-

"दिबिस्पृशत्काय मदिर्घपी
बरग्रीबोरुबक्ष:स्थलमलुमध्यमम्।
चन्द्राशुगौरैश्चुरितं तद्द्वरुहैर्विश्वराभुजादिकशतं
नखायुद्धम्।।
विष्वक् स्पुरन्तं ग्रहणातुरं हरिब्र्यालो यथान्धन्धखु॰
कुलिशाक्षतत्वचम्।
द्वार्य्वर आपात्य ददार लीलया नखैर्यथाहिं गरुड़ों
महाविषम्।।"

-भागवत पुराण -स्कंध 7-अध्याय 8: श्लोक 29

कवि जयदेवजी भी अपने 'गीत गोविंद' में नरसिंह अवतार के बारे में लिखते हैं–

"तव करकमलवरे नखमद्भुतशृंगम्।
दलितहिरण्यकशिपुतनुभृंगम्।
केशव धृतनरहरिरूप
जय जगदीश हरे।।"

अर्थात, उपरोक्त पंक्तियों का अर्थ यह है कि इस अवतार में भगवान विष्णु ने आधे नर और आधे सिंह के रूप में अपने भक्त प्रह्लाद को उसके पिता (दानव राजा हिरण्यकशिपु) के अत्याचारों से बचाया था। हिरण्यकशिपु को वरदान था कि वह न तो किसी नर या पशु द्वारा मारा जाए; न वायु, जल या समुद्र में; न घर में, न बाहर; न दिन में, न रात में और न अस्त्र या शस्त्र से मारा जाए। इस वरदान को पाकर वह अपने आप को अमर मान बैठा था।

भगवान नरसिंह एक स्तंभ से बाहर आए, हिरण्यकशिपु को अपनी गोद में लिटाया और दरवाजे के प्रवेश द्वार पर अपने लंबे नाखूनों से उसका पेट चीर डाला।

5. वामन अवतार-

श्रीमद्भागवत महापुराण में महर्षि वेदव्यास ने कहा है–

"यत् तद् बपुर्भाति बिभुषणायुधैरब्यक्तचिद्
ब्यक्तमधारयन्धरिः।
बभुव तेनैब स वामनो बटुः संपश्यतेर्दिव्यगतिर्यथा नटः"
-श्रीमद् भागवत पुराण-अष्टमः स्कंधः अष्टादशोऽध्यायः
श्लोक 12

"धातु कमंडलुजलं तदुरुक्रमत्स्य,
पादाबनेजन पवित्रतया नरेन्द्र।
स्वर्धुन्यभून्वभसि पतती निमार्ष्टिं,
लोकत्रयं भगवतो बिशदेव कीर्तिं।।"
-श्रीमद्भागवत महापुराण/स्कंध ०८/अध्यायः २१

कवि जयदेवजी ने भी अपने 'गीत गोविंद' में ऐसे ही प्रमाण देते हुए लिखा है–

"छलयसि विक्रमणे बलिमद्भुतवामन।
पदनखनीरजनितजनपावन।।
केशव धृतवामनरूप
जय जगदीश हरे।।"

उपरोक्त दोनों उल्लेखों का अर्थ यह है कि (एक हाथ में जल का कमंडलु और दूसरे में एक छाता धारण करने वाले बौने के रूप में) वामन अवतार इंद्र के साम्राज्य को उन्हें पुनः प्राप्त कराने के लिए लिया गया था।

राजा बलि हिरण्यकशिपु का प्रपौत्र था। उसने अपनी तपस्या के बल पर तीनों लोकों पर अपना अधिकार स्थापित कर किया। जब उसकी प्रतिष्ठा इंद्र पर भारी पड़ने लगी तब इंद्र ने अपना वर्चस्व स्थापित करने के लिए भगवान विष्णु से मदद मांगी।

भगवान विष्णु ने एक बौने का रूप धारण कर राजा बलि से कहा कि वह उन्हें भूमि का एक टुकड़ा (बौने के तीन पग के बराबर) प्रदान करें जिस पर वह ध्यान कर सकें । जब बलि

ने उनके अनुरोध को स्वीकार कर लिया तब भगवान विष्णु ने अपनी अलौकिक शक्तियों का उपयोग करते हुए पहले दो पगों में पृथ्वी और स्वर्ग को नाप लिया और बलि को उसके राज्य से वंचित कर दिया।

लेकिन राजा बलि ने अपनी उदारता दिखाई और भगवान से कहा कि वे अपना तीसरा पैर उसके सिर पर रखें। भगवान विष्णु बलि की उदारता देखकर प्रसन्न हुए और उन्होंने बलि को पाताल का राजा बना दिया।

6. परशुराम अवतार-

श्रीमद्भागवत महापुराण में महर्षि वेदव्यास जी ने कहा है –

"अवतारे षोड़शमे पश्यन ब्रह्मद्रुहनृपान।
त्रिसप्तकृत्वः कृपितोनिःक्षत्रा मकरोन महीम्।।"

"आस्तेन्धद्यापि महेंद्रादै न्यस्तदण्डः प्रशान्तधीः।
उपगियमानचरितः सिन्दगन्धर्वचारणैः।।
एवं भृगुषु बिश्वात्मा भगवान हरिरीश्वरः।
अबतीर्य परं भारं भुबोन्धहन बहुशोनृपान्।।"

कवि जयदेवजी अपने ग्रंथ 'गीत गोविंद' में लिखते हैं कि –

"क्षत्रियरुधिरमये जगदपगतपापम्।
स्नपयसि पयसि शमितभवतापम्।।

केशव धृतभृगुपतिरूप,
जय जगदीश हरे।।"

Parashurama

दोनों श्लोकों में किये गये उल्लेखों का अर्थ है कि भगवान विष्णु ने त्रेता युग में परशुराम/ भृगुपति के रूप में अवतार लिया था। परशुराम (दाहिने हाथ में एक कुल्हाड़ी के साथ उनके स्वरूप का वर्णन किया गया है) भगवान विष्णु के छठे अवतार हैं। इस अवतार के समय महाप्रभु परशुराम ने क्षत्रियों के रक्त-रूपी जल से जगत के ताप और पापों को शांत किया। कहा जाता है कि उन्होंने अपने पिता के निधन पर क्रोधित होकर 21 बार क्षत्रियों का नाश कर पृथ्वी को क्षत्रिय-विहीन कर डाला था।

7. राम अवतार-

श्रीमद्भागवत महापुराण में महर्षि वेदव्यास ने लिखा है-

<blockquote>
"ततः प्रजग्मुः प्रशमं मरुद्गणा,
दिशः प्रसेहुर्विमल नभोन्ध्धभवत्।
मही चकंम्पे न च मारुतो बबै,
स्थिर प्रभश्चाप्यभवत् दिवाकरः।।"
-रामायणम्/युद्धकाण्डम्/सर्गः १११
</blockquote>

इसी प्रकार 'अध्यात्म रामायण' में राम अवतार के बारे में जो लिखा है वे पंक्तियां निम्नलिखित हैं -

<blockquote>
"एवं स्तुतस्तु देवेशो विष्णुस्तिदशपुंगवः।
पितामह पुरोगांस्तान् सरवलोकनमस्कृतः।।"
</blockquote>

<blockquote>
"अब्रबीत त्रीदशान सर्वान समेतान् धर्मसंहितान्।
सपुत्रपौत्रं सामात्यं समन्तिज्ञातिबांधवम्।।
हत्वा कुरंदूराधर्षं देवर्षीणां भयाबहम्।
दशवर्ष शहस्राणि दशवर्ष शतानि च।
वत्स्यामि मानुषे लोके पालयन् पृथिवीमिमाम्।।
रावणेन हृतं स्थानमस्काकं तेजसा सह,
त्वयाद्य निहतो दुष्टः पुनःप्रासं पदं स्वकम्।।"
</blockquote>

कवि जयदेवजी ने भी अपने 'गीत गोर्विंद' में राम अवतार को स्थान देते हुए लिखा है–

"वितरसि दिक्षु रणे दिक्पतिकमनीयम्।
दशमुखमौलिबलिं रमणीयम्।।
केशव धृतरघुपतिवेश
जय जगदीश हरे।।"

Lord Rama

ऊपर दिये गये श्लोकों में बताया गया है कि भगवान राम विष्णु के सातवें अवतार हैं। इस अवतार में भगवान राम का उल्लेख धनुष और बाण के साथ किया गया है। उन्होंने दशानन रावण को मृत्यु के घाट उतारकर अपनी पत्नी सीता को बंधन मुक्त किया था। त्रेता युग में धर्म संस्थापना के कार्यों में यह प्रमुख कार्य था।

इस कार्य में उनकी सहायता लक्ष्मण (उनके छोटे भाइयों में एक) और हनुमान (वानर देवता) ने की थी। इस कहानी का

वर्णन महान महाकाव्य 'रामायण' में किया गया है। श्री राम का जीवन नैतिक उत्कृष्टता और विवाह की स्थिरता का बड़ा उदाहरण है। वे दुनिया के बेहतरीन राजा थे। प्रजा पालन में उनसे श्रेष्ठ शायद कोई नहीं था। वे एक प्रबल प्रतापी योद्धा और वीर थे। उनके नाम मात्र से ही असुर दुराचारी कांपते थे। उनका आदर्श आचार ऐसा था कि धरती पर उनके राज्य को आदर्श राज्य माना जाता था। इसलिए आज तक हम आदर्श राज्य को 'राम राज्य' कहते हैं।

8. बलराम/हलधर अवतार-

श्रीमद्भागवत महापुराण में महर्षि वेदव्यास ने बलराम अवतार के बारे में लिखा है–

"स आजुहाब यमुनां जलक्रीड़ार्थमीश्वरः।
निजं बाक्यमनादृत्य मभ रत्यापगां बलं।
अनागतां हलाग्रेण कुपितो बिचकर्ष ह।।
पापे त्वं मामवज्ञांय यन्नायासि मयान्धधहुता।
नेष्ये त्वां लंगलाग्रेण शतधा काम चारिणीम्।।
एवं निर्भत्सिता भीता यमुना यदुनंदनम्
उवाच चकिता वाचं पतिता पादयोर्नृप।।"
-श्रीमद्भागवतपुराणम्/स्कन्धः
१०/उत्तरार्धः/अध्यायः ६५

फिर कवि जयदेव ने अपनी ग्रंथ 'गीत गोविंद' में हलधर अवतार के बारे में वर्णन किया है–

"वहसि वपुषि विशदे वसनं जलदाभम्।
हलहतिभीति मिलित यमुनाभम्।
केशव धृतहलधररूप
जय जगदीश हरे।।"

उपरोक्त पंक्तियों का भावार्थ यह है कि जब द्वापर युग में प्रभु बलराम जी अपने गोपी-गोपालों के साथ यमुना के किनारे लीला कर रहे थे और जब वे सभी यमुना नदी में स्नान करने के लिए गए थे, तब यमुना ने अपने घमंड में उन्हें स्नान नहीं करने दिया था। उस समय प्रभु बलराम ने अपने हल से मिट्टी को चीर कर यमुना नदी की दिशा बदल दी और उनका घमंड तोड़ दिया।

9. बुद्ध अवतार-

श्रीमद्भागवत महापुराण में महर्षि वेदव्यासजी बुद्ध अवतार के बारे में लिखते हैं-

“ततः कलै संप्रबृत्ते सम्मोहाय सुरद्विषाम्।
बुद्धो नाम्नाजनसुतः कींकटेषु भविष्यति।।”
-भागवत स्कंध १ अध्याय 6 श्लोक १९-२९

आगे कवि जयदेवजी ने अपने ग्रंथ ‘गीत गोविंद’ में बुद्ध अवतार के बारे में लिखा है–

“निंदसि यज्ञविधेरहह श्रुतिजातम्।
सदयहृदयदर्शितपशुघातम्।।
केशव धृतबुद्धशरीर
जय जगदीश हरे।।”

इन पंक्तियों में भगवान बुद्ध के बारे में कहा गया है कि वे भगवान विष्णु के नौवें अवतार हैं। कलियुग में देवद्वेषियों को मोहित करने के लिए उड़ीसा के कींकट नगर में अजन के पुत्र के रूप में उन्होंने जन्म लिया था (जबकि आवश्यक प्रमाण के बिना उन्हें नेपाल में जन्म लिया बताया जाता है)। आधुनिक मान्यता के अनुसार गौतम बुद्ध ही बुद्ध अवतार हैं। कलियुग के अंत से कुछ वर्ष पूर्व उन्होंने अवतार लेकर यज्ञ में पशु बलि की प्रथा को हटाकर धर्म संस्थापना का कार्य किया था।

10. कल्कि अवतार-

श्रीमद्भागवत महापुराण में महर्षि वेदव्यास जी महाराज कल्कि अवतार के बारे में लिखते हैं कि-

"अथसै युगसंध्यायां दस्युप्रायेषु राजसु,
जनिता विष्णुयशसा नाम्ना कल्किर्जगत्पतिः।।"
बादैर्वि मोहयति यज्ञकृतोन्र्धदर्हान,
शूद्रान् कलौ क्षितिभुजो न्यहनिश्यदन्ते।।"
-श्री मद्भागवत-प्रथमः स्कन्धःतृतीय अध्याय श्लोक-25

कवि जयदेवजी ने अपने ग्रंथ 'गीत गोविंद' में कल्कि अवतार के बारे में लिखते हैं –

"म्लेच्छनिवहनिधने कलयसि करवालम्।
धुमकेतुमिव किमपि करालम्।।
केशव धृतकल्किंशरीर
जय जगदीश हरे।।"

भगवान विष्णु के द्वारा धारण किये गये दशावतार में केवल कल्कि अवतार ही बाकी था। इस कलियुग में भगवान कल्कि धूमकेतु के समान भयंकर रूप धारण करेंगे। हाथ में एक बड़ा खड्ग धारण करके, घोड़े पर सवार होकर दुष्टों, पापियों, अत्याचारियों, दुराचारियों, म्लेच्छों का विनाश करेंगे और पृथ्वी पर सत्ययुग के लिए धर्म संस्थापना करेंगे।

मुख्य तौर पर उपरोक्त दशावतार का वर्णन हर जगह किया गया है। इसे पढ़ने से क्या लाभ होता है इसके बारे में श्रीमद्भागवत महापुराण में उल्लेख है कि—

"शृण्वतां स्वकथां कृष्ण पूर्णश्रवणकीर्त्तनः।

हृद्यन्तस्थो ह्यभप्राणी सुदुतसताम्॥

जन्म गुह्य भगवतो य एतत् प्रयतो नरः।

सायं प्रातःगुणन भक्त्या दुःख ग्रामाद् बिमुखते।।"
-श्रीमद्भागवतम् प्रथम स्कन्धः द्वितीयोऽध्यायः
श्लोक-17

दशावतार को पढ़ने और सुनने से क्या लाभ होता है, इसके बारे में श्री जयदेवजी भी इस प्रकार लिखते हैं-

"श्रीजयदेवकवेरिदमुदितमुदारम्
श्रृणु सुखदं शुभदं भवसारम्।।
केशव धृतदशविधरूप
जय जगदीश हरे।।"

अर्थात, भगवान विष्णु के दशावतार स्तोत्र का पाठ करना शुभ और सुखदायक होता है। इसे पढ़ने या सुनने से प्रभु की कृपा प्राप्त होती है और भवसागर से उद्धार होता है।

श्री जयदेवजी अपने ग्रंथ 'गीत गोविंद' में लिखे दशावतार स्तोत्र के अंत में लिखते हैं-

"वेदानुद्धरते जगन्ति वह भूगोलते मुद्बिभ्रते
दैत्यं दारयते बलिं छालयते क्षत्रक्षयं कुर्वते।
पौलस्त्यं जयते हलं कल्यते कारुण्यमातन्वते
म्लेच्छान्मूर्च्छयते दशाकृतकृते कृष्णाय तुभ्यं नमः ।।"

हे श्री कृष्ण! आपने मत्स्यरूप धारण कर प्रलय-समुद्र से डूबे हुए वेदों का उद्धार किया, समुद्र-मंथन के समय महाकूर्म बन कर पृथ्वी मंडल को पीठ पर धारण किया, महावराह के रूप में कारणार्णव में डूबी पृथ्वी का उद्धार किया, नृसिंह के रूप में

हिरण्यकशिपु को विदीर्ण किया, वामन के रूप में राजा बलि को छला, परशुराम के रूप में क्षत्रिय जाति का संहार किया, श्री राम के रूप में महाबली रावण पर विजय प्राप्त की, श्री बलराम के रूप में हल को शस्त्र रूप में धारण किया, भगवान बुद्ध के रूप में करुणा का विस्तार किया तथा कल्कि के रूप में आप म्लेच्छों को मूर्च्छित करेंगे। इस प्रकार दशावतार के रूप में प्रकटित महाप्रभु श्री कृष्णजी, आपके चरणों की मैं वन्दना करता हूं।

भविष्य मालिका ग्रंथों के रचयिता महापुरुष अच्युतानंदजी अपने ग्रंथ 'अष्टगुज्जरी' में लिखते हैं-

**"भाव विनोदिया ठाकुर भक्त वत्सल हरि,
भक्त न्क पाईं कलेवर दश मुरती धरि।"**

अर्थात, भगवान विष्णु भक्त वत्सल हैं, भाव के भगवान हैं, भक्तों के भाव को समझते हैं। युग-युग में भक्तों के कल्याण हेतु ही दस अवतार धारण करते हैं।

अध्याय-6
कलियुग का अंत होने के लक्षण

कलियुग का अंत हो चुका है और इस तथ्य को प्रमाणित करने के लिए महापुरुष पंचसखाओं ने भविष्य मालिका ग्रंथों में स्पष्ट रूप से बहुत सारे लक्षणों का निम्न प्रकार से उल्लेख किया है -

(क) मानव सभ्यता में आने वाले परिवर्तन-

1. मानव समाज में बहुत सारे नारी और पुरुष में बंध्या दोष दिखाई देंगे जिस कारण उनके संतान पैदा नहीं होगी।

2. नारी और पुरुष का लिंग परिवर्तन संभव होगा और बहुत सारे लोग अपना लिंग परिवर्तन करेंगे।

3. कामना, वासना, स्वार्थ और धन के लालच के चलते पुत्र अपने माता-पिता की हत्या करेंगे।

4. समाज में संयुक्त परिवार की परंपरा का विलोप हो जाएगा। न केवल भाई-भाई अलग घर में रहेंगे, बल्कि पति-पत्नी भी अलग घर में रहेंगे।

5. वृद्ध माता-पिता को पुत्र अपने घर से धकेल कर बाहर निकाल देंगे और वृद्ध माता-पिता अकेले या वृद्धाश्रम में रहेंगे।

6. मनुष्य हर समय व्याधि से पीड़ित होकर केवल दवा के सहारे जीवन बिताएंगे ।

7. समाज में मांसाहारियों, शराबियों, तंबाकू सेवन करने वालों और नशा करने वालों की संख्या बहुत अधिक बढ़ जाएगी।

8. संसार में गर्भपात और भ्रूण हत्या के पाप बड़ी संख्या में बढ़ जाएंगे।

9. संसार में दूसरी पत्नी की संख्या बहुत बढ़ जाएगी।

10. पति-पत्नी के बीच पवित्रता नहीं रहेगी।

11. मानव समाज देवताओं की पूजा नहीं करेगा।

12. पुत्र अपने मृत माता-पिता को पिंडदान नहीं करेंगे।

13. माता-पिता की अंतिम क्रिया में पुत्र योगदान नहीं करेंगे।

14. विधवा महिलाएं भी अंतिम संस्कार करेंगी और पिंडदान करेंगी।

15. पुरुष और पुरुष के बीच शादी होगी।

16. स्त्री और स्त्री के बीच शादी होगी।

17. भाई-बहन के बीच शादी होगी।

18. कहीं-कहीं पर पिता अपनी बेटी के साथ गलत संबंध रखेंगे।

19. पुरुष म्लेच्छ वेश धारण करेंगे और महिलाएं बहुत कामुक और म्लेच्छ रूप धारण करेंगी।

20. पुरुष भी संतान प्रसव करेंगे।

21. पुरुष सिर के ऊपरी हिस्से में बाल रखकर कान के ऊपर के हिस्से से बाल काट देंगे।

22. मामी और भांजे के बीच शादी होगी।

23. चाची और भतीजे के बीच शादी होगी।

24. सास और दामाद के बीच प्रीति होगी।

25. मामा अपनी भांजी के साथ घर बसाएंगे।

26. सभी लोग पश्चिमी सभ्यता को अपनाएंगे और उसी के अनुसार वेशभूषा धारण करेंगे।

27. विवाहित स्त्रियां अपने माथे पर सिन्दूर और हाथ में चूड़ी नहीं पहनेंगी।

28. कलियुग में कोई भी मनुष्य अपनी शत-प्रतिशत आयु का भोग नहीं कर पायेगा।

29. गीता, भागवत, शास्त्रों और पुराणों को छोड़ कर मानव समाज कामशास्त्र का अध्ययन करेगा।

30. लोग माता तुलसी की पूजा करना बंद कर देंगे।

31. लोग ग्राम देवी/ कुलदेवी की पूजा करना बंद कर देंगे।

32. समाज में मिथ्यावादियों की संख्या बहुत बढ़ जाएगी।

33. पापी, भ्रष्टाचारी और अज्ञानी लोगों को समाज में बड़ा सम्मान मिलेगा।

34. विवाह में कोई ऊंच-नीच, जाति-अजाति, धर्म और वर्ण का विचार नहीं रहेगा।

35. कम उम्र के पुरुष बड़ी उम्र की नारी से शादी करेंगे।

36. ज्ञानी सज्जन गायत्री मंत्र छोड़ कर जादू-टोना आदि विद्या का पाठ करेंगे।

37. रक्षक ही भक्षक बनेंगे

   (बाज अनाज खाएगा)।

38. संसार से वेद मार्ग का उच्छेद (विलोप) होगा।

39. औरतें अपने बाल खुले छोड़ कर घूमेंगी। युवा नारी नंगी होना और अंग प्रदर्शन करना पसंद करेंगी ।

40. नारी अपना शरीर बेचकर पेट पालने लगेगी।

41. कलियुग के अंत समय में राजा शासन नहीं करेंगे।

42. मनुष्य एकादशी का व्रत रखेंगे लेकिन मांसाहारी भोजन करेंगे।

43. कुछ लोग निर्माल्य (जगन्नाथ जी के महाप्रसाद) के साथ शराब और मांस खाने लगेंगे।

44. लोग असमय में आहार, विहार और निद्रा करेंगे ।

45. मनुष्य द्वारा असमय में रति करने की वजह से कोख में ही संतान की मृत्यु होगी।

46. बालक-बालिकाएं गुप्त में गर्भ नष्ट करेंगी।

47. पुरुष परायी स्त्री का हरण करेंगे, रमण करेंगे।

48. संसार के सभी परिवारों में अशांति का वातावरण दिखेगा।

(ख). प्रकृति और पंचभूत में आने वाले परिवर्तन-

1. मध्य रात्रि में कोयल गीत गाएगी।

2. असमय में आम के पेड़ में फूल आने लगेंगे।

3. असमय में नीम के पेड़ में फूल और फल आने लगेंगे।

4. अलग-अलग वृक्ष में व्यतिक्रम से (जो होना चाहिए उस से अलग) फल और फूल आएंगे।

5. बांस के पेड़ में धान उगेंगे।

6. खेत में ही अनाज को कीड़े लग जाएंगे।

7. कहीं -कहीं पर खेती में ज्यादा और कम उपज होने से फसलों में कमी आएगी।

8. अनेक स्थानों पर दुर्भिक्ष और अकाल पड़ेगा।

9. वज्रपात से बहुत मनुष्य और जीव-जन्तु मरेंगे।

10. गौ माता की अकाल मृत्यु होगी।

11. मनुष्य और जीव-जन्तुओं में अनजानी बीमारियां फैलने लगेंगी।

12. पृथ्वी पर 64 प्रकार की महामारियां फैलेंगी।

13. ऋतुओं का असमय परिवर्तन होगा और केवल 13 दिनों में 6 ऋतुओं का अनुभव होगा।

14. नदियों में असमय बाढ़ आएगी।

15. सूर्य की किरणें 10 गुना ज्यादा तेज होंगी।

16. असमय (मतलब दिन के दौरान) कोहरा छाया रहेगा।

17. बार-बार तूफान आयेंगे और तूफान के बल पर समुद्र बार-बार तट की सीमा का उल्लंघन करेगा ।

18. मरुभूमि में बाढ़ आएगी।

19. भारी बारिश से पहाड़ की चोटी पर भी बाढ़ आ जाएगी और इससे मनुष्य और जीव-जन्तुओं की मौत हो जाएगी।

20. जलचर और सामुद्रिक प्राणी बड़ी संख्या में मरेंगे।

21. बहुत सारे वन्य जीव शहर में आकर मनुष्य को नुकसान पहुंचाएंगे।

22. सूर्य की गर्मी से उत्तर और दक्षिण मेरु की बर्फ पिघलने लगेगी।

23. बड़े जंगलों में लगी आग से करोड़ों वन्य प्राणी मरेंगे।

24. पृथ्वी के कोने-कोने में हर महीने, हर दिन, भूकंप महसूस होगा।

25. दिन में सियार कराहेंगे।

26. मुर्गे के मुकुट का रंग लाल से सफेद हो जाएगा।

27. वैशाख के महीने में भी कमल खिलेंगे।

28. चारों दिशाओं में धुआं-सा दिखने लगेगा।

29. पृथ्वी के समतल और पहाड़ी क्षेत्रों में बादल फट कर बारिश होगी।

30. हर महीने पृथ्वी की किसी-न-किसी जगह पर आंधी, तूफान, चक्रवाती तूफान आदि आएंगे।

31. पृथ्वी में बहुत सारी नयी और सुप्त ज्वालामुखियां जागृत होने लगेंगी।

(ग) ग्रह और नक्षत्रों में आने वाले परिवर्तन -

1. चंद्रमा की किरणें धुंधली दिखाई देंगी।

2. सूरज की किरणें बहुत तेज होंगी।

3. बार-बार 13 दिन के पक्ष (पखवाड़े) आएंगे।

4. बार-बार आकाश से उल्का पिंड गिरेंगे।

5. बहुत बार एक ही दिन में अमावस्या और संक्रांति होंगी।

6. बहुत बार एक ही दिन में पूर्णिमा और संक्रांति भी होंगी।

7. एक पक्ष के अंतर में ही अमावस्या पर सूर्य ग्रहण और पूर्णिमा पर चंद्र ग्रहण दिखाई देंगे।

8. असमय में सूर्य और चांद के चारों तरफ वलय (मंडल) दिखेगा।

9. बारंबार ग्रह और नक्षत्रों में अस्वाभाविक गति दिखेगी।

10. सूर्य की किरणें 10 गुनी ज्यादा तेज हो जाएंगी।

11. ग्रह के चलने की गति में बार बार परिवर्तन दिखाई देंगे।

12. ग्रह और नक्षत्र स्थिति के अनुरूप नहीं रहेंगे।

13. सात दिन और सात रात तक सूर्य और चंद्रमा नहीं दिखाई देंगे और अंधेरा रहेगा।

14. बाद के समय में भगवान कल्कि के द्वारा नया सूरज, नया चंद्रमा और नये नक्षत्रों की स्थापना होगी।

(घ) आध्यात्मिक परिवर्तन -

1. बहुत सारे मंदिरों के ऊपर वज्रपात होंगे।

2. कहीं-कहीं पर वज्रपात से मंदिर के ध्वज जल जाएंगे।

3. विभिन्न मंदिरों से चोरी और लूट-खसोट ऐसे होगी कि मंदिरों से मूर्तियां भी चोरी हो जायेंगी।

4. मंदिर के अंदर भी लोग दुष्कर्म करेंगे।

5. कई पुजारी मांसाहार और सुरापान करके मंदिरों में पूजा करने लगेंगे।

6. कई दर्शनार्थी भी मांसाहार और सुरापान करके मंदिरों में प्रवेश करेंगे।

7. विभिन्न मंदिरों और आध्यात्मिक स्थानों पर आध्यात्मिक वातावरण नहीं रहेगा।

8. देवी-देवताओं के रहते हुए भी मंदिरों की सुरक्षा और देखरेख नहीं होगी।

9. स्थान-स्थान पर देवी-देवताओं की पूजा नहीं की जाएगी।

10. इन सब पाप कर्मों की वजह से देवी-देवता गांव छोड़कर चले जायेंगे।

(ङ) गुरु, शिष्य और साधु-संत लोगों की रूपरेखा-

1. अपने पेट पालने के लिए बहुत लोग गुरु परंपरा की शुरूआत करेंगे।

2. गुरुओं को शास्त्र-पुराण का ज्ञान नहीं होगा।

3. तंत्र साधना करके कुछ लोग अपने आपको गुरु कहलाएंगे।

4. भूत, प्रेत-पिसाच के निराकरण करने वाले (ओझा का काम करने वाले) समाज में बड़े गुरु कहलाएंगे।

5. गुरु परंपरा में मांसाहार और सुरापान को बढ़ावा दिया जाएगा।

6. बड़ी जाति के कहलाने वाले लोग हाथ में जाल, लाठी लेकर मछली पकड़ने लगेंगे और कसाई के काम करेंगे।

7. ब्रह्मचारी लोग ब्रह्मचर्य का पालन नहीं करेंगे।

8. पिता-माता के द्वारा दिए गए नाम को बदल कर उसके आगे संत, स्वामी, दास, महाराज आदि उपाधि जोड़ कर लोग अपने-आपको ठाकुर /महापुरुष कहलाएंगे।

9. नारंगी और गेरुआ वस्त्र धारण करके अपने आपको गुरु कहलाएंगे।

10. जंगल काट कर बिलों की पूजा करके उसको भगवान के स्वप्रादेश बोल कर झूठी महिमा का प्रचार करेंगे।

11. गुरु कहलाने वाले लोग शिष्या के साथ शादी करके उनको अपनी पटरानी कहेंगे।

12. गुरु लोग अपने आपको भगवान का अवतार बता कर आत्म घोषणा करेंगे।

13. नकली शंख-चक्र दिखाकर अपने आपको भगवान कल्कि बोल कर लोगों को लूटते रहेंगे।

14. गुरु कहलाएंगे लेकिन लालच देकर शिष्य की पत्नी का गमन करेंगे।

15. अपने को गोपाल और शिष्या को गोपी कहकर अपनी काम वासना की पूर्ति करेंगे।

16. गुरु अपने को भगवान नारायण बता कर शिष्य-शिष्या को मुक्ति देने का लालच देकर चरण सेवा करवाएंगे।

17. अपने सर पर जटा बांध कर अपने को संत कहलाएंगे और लोगों को लूटते रहेंगे।

18. अनपढ़ गंवार और आलसी लोग अपने को भगवान का दास कहलाएंगे और कंधे में जनेऊ धारण कर लोगों को ठगने लगेंगे।

19. गुरु लोग चुन-चुन कर धनी शिष्य इकट्ठा करेंगे।

20. गुरु कहलाने वाले लोग शिष्य-शिष्या की संपत्ति से ऐशो-आराम करेंगे।

21. शिष्य-शिष्या से धन-दौलत, सोना-चांदी आदि धातुओं की दक्षिणा लेकर वैकुंठ में स्थान देने का झूठा नाटक करेंगे।

22. सुंदरी नारियों को विभिन्न प्रलोभन देकर शिष्या बना कर अपनी काम वासना की पूर्ति करेंगे।

इस प्रकार युग के अंत में संसार में बहुत सारे परिवर्तन होंगे और उलट-पलट चीजें होने लगेंगी। भविष्य मालिका में महापुरुष पंचसखाओं ने कहा है कि कलियुग संपूर्ण खत्म होने

पर ये सभी लक्षण दिखाई देंगे। आज लगभग सभी लक्षण हमें दिखने भी लगे हैं। इनमें से कुछ ही लक्षणों के प्रमाण मिलने बाकी हैं। अतः हम यह कह सकते हैं कि कलियुग संपूर्ण रूप से खत्म हो चुका है और यह संगमयुग या युगसंध्या का समय चल रहा है।

अध्याय-7
म्लेच्छ किसे कहते हैं?

सत्ययुग में भगवान विष्णु ने अवतार लेकर संसार में सत्य, शांति, दया, क्षमा और मैत्री की संस्थापना की। तब सभी मनुष्य शास्त्रों के ज्ञाता थे और सभी वैदिक परम्परा के अनुसार जीवन बिताते थे। उस समय ज्ञान की दृष्टि से ऋषि-मुनि अहंकारी और अभिमानी हो गये थे। उस पाप के कारण सत्ययुग का अंत हो गया। त्रेतायुग में भगवान श्रीराम ने अवतार लिया और तब लोगों ने यज्ञ आदि पुण्य कर्म के माध्यम से भगवान श्रीराम का अंग-संग लाभ किया। त्रेतायुग के अंत में उन्होंने रावण जैसे महापापियों का विनाश कर दिया और अंत में खंड प्रलय हुआ।

पुनः मनुष्य त्रेता युग से द्वापरयुग में आए और गोलोक धाम के भक्त भगवान श्री कृष्ण का सान्निध्य प्राप्त करते हुए प्रभुजी के साथ ही गोलोक वैकुंठ धाम को लौट आये। जब भगवान श्री कृष्ण ने अपनी लीला समाप्त की, उस समय कलियुग को 1200 वर्ष भोग हो चुका था और कलि अपनी काया के प्रभाव में फैला हुआ था। भागवत में इससे संबंधित एक श्लोक है-

"यदा देवर्षयः सप्त मघासु बिचरन्तिहि,
तदा प्रबृत्तस्तु कलि द्वादशाई - शतात्मकः।"

अर्थात, जब माघ नक्षत्र में सप्त ऋषि विचरण कर रहे थे, तब (श्रीकृष्ण के वैकुंठ गमन के समय तक) कलियुग को 1200 साल भोग हो चुका था। इसके बाद महाराजा परीक्षित की मृत्यु हुई और फिर पूर्ण कलियुग शुरू हुआ। कलि ने पूरे ब्रह्मांड में अपना प्रभाव फैलाया। इस युग में लोग लालच, मोह, काम, क्रोध, अहंकार, विषयासक्ति और आलस्य जैसे दुर्गुणों के अधीन हो जाएंगे। भले ही लोगों को शास्त्रों, पुराणों और वेदों का ज्ञान होगा पर वे शास्त्र विरोधी और वेद विरोधी कार्य करेंगे। जो धर्म को गलत समझते हैं, वेदों का विरोध करते हैं, पशु हत्या जैसे पाप करते हैं, मादक द्रव्य का सेवन करते हैं, देवताओं का विरोध करते हैं, वे कलियुग में म्लेच्छ कहलाते हैं।

श्री जयदेवजी ने 'गीत गोविंद' में लिखा -

"म्लेच्छनिवहनिधने कलयसि करवालम्।
धूमकेतुमिव किमपि करालम्।।
केशव धृतकल्किशरीर,
जय जगदीश हरे।।"

इन दुष्ट पापियों और म्लेच्छों का नाश करने के लिए भगवान कल्कि अवतरित होंगे और धूमकेतु जैसा भयंकर रूप धारण करेंगे।

अध्याय-8

चारों युगों में धर्म संस्थापना और कलियुग में धर्म की संस्थापना का वर्णन

शास्त्रों में सत्ययुग, त्रेतायुग, द्वापरयुग और कलियुग इन चार युगों का वर्णन है।

भगवान महाविष्णु ने उक्त चार युगों में 24 अवतार लिए हैं। उन अवतारों के नाम हैं-

1. कुमार अवतार (सनक, सनंदन, सनातन और सनत्कुमार)
2. यज्ञेश्वर
3. वराह
4. नारद अवतार
5. नर-नारायण अवतार
6. कपिल अवतार
7. दत्तात्रेय अवतार
8. यज्ञ रूप अवतार

9. ऋषभ अवतार

10. पृथु अवतार

11. हंस अवतार

12. मीन अवतार

13. चक्रधर अवतार

14. कूर्म अवतार

15. धन्वन्तरि अवतार

16. मोहिनी अवतार

17. नरसिंह अवतार

18. वामन अवतार

19. परशुराम अवतार

20. वेदव्यास अवतार

21. श्री राम अवतार

22. बलराम अवतार

23. बुद्ध अवतार

24. कल्कि अवतार

उक्त 24 अवतारों में महाप्रभु ने धर्म की स्थापना के लिए मुख्य 10 अवतार लिए। वे हैं,

1. मत्स्य अवतार:

नौका (जलयान) जैसे बिना किसी खेद के सहर्ष जल में पड़ी किसी वस्तुका उद्धार करती है, वैसे ही श्री हरि ने

बिना किसी परिश्रम के निर्मल चरित्र के समान प्रलय के समुद्र में मछली रूप में प्रकट होकर वेदों को धारण कर उनका उद्धार किया है।

2. कूर्म अवतार:

श्री हरि ने कूर्मरूप अंगीकार कर अपनी विशाल पीठ के एक हिस्से में पृथ्वी को धारण किया है। समुद्र मंथन के समय विशाल मंदराचल पर्वत धारण करने से उनकी पीठ पर एक बड़ा गड्ढा-जैसा बन गया जिसके कारण वह गौरवान्वित हो रहे हैं।

3. वराह अवतार:

जिस प्रकार चन्द्रमा अपने भीतर कलंक के सहित सम्मिलित रूपसे दिखाई देता है, उसी प्रकार इस अवतार में भगवान ने विशाल महासागर में डूबी पृथ्वी को अपने दांतों पर स्थित कर उसका उद्धार किया।

4. नृसिंह अवतार :

श्रीहरि ने नृसिंह रूप धारण किया। अपने भक्त प्रह्लाद की विनती सुनकर उनके पिता हिरण्यकशयपु से उनकी रक्षा करने के लिए अपने श्रेष्ठ कर-कमल में विद्यमान नखरूपी अदभुत श्रृंग से हिरण्यकशिपु के शरीरको ऐसे विदीर्ण कर दिया जैसे भौंरा फूल को विदीर्ण कर देता है।

5. वामन अवतार :

भगवान वामन ने राजा बलि का अभिमान तोड़ने के लिए बलि से यज्ञ के लिए तीन पग भूमि दान में मांगी। उन्होंने

दो पग में तीनों लोक नाप लिए। जब भगवान के श्रीचरण ब्रह्मलोक पहुंचे तब ब्रह्माजी ने प्रभु के चरणों को जल से धोया और उस जल को अपने कमंडल में एकत्र कर लिया। प्रभु का वही चरणोदक गंगाजल में परिवर्तित हो गया। तीसरे पग में भगवान ने राजा बलि के मस्तक को भी नाप लिया और उन्हें पाताल लोक भेज दिया।

6. परशुराम अवतार :

इस अवतार में श्रीहरि ने भृगु वंश में भगवान परशुराम रूप धारणकर क्षत्रिय वंश का विनाश करते हुए उनके रक्त-जल से जगत को पवित्र कर संसार का सन्ताप दूर किया।

7. राम अवतार :

भगवान विष्णु ने अयोध्या नरेश महाराज दशरथ के पुत्र के रूप में राम अवतार लेकर दशानन रावण को युद्ध में परास्त कर उसके दसों सिरों को अपने अद्भुत बाणों द्वारा काटकर दसों दिशाओं में फेक दिया, इन्द्रादि दिक्पालों को स्वर्ग का राज लौटाया और धरती पर पुनः धर्म की स्थापना की। अनेकानेक असुरों का संहार कर धर्म की स्थापना की और मर्यादा पुरुषोत्तम कहलाये।

8. बलराम अवतार :

इस अवतार में प्रभु बलदेव अति शुभ्र गौरवर्ण रूप धारण कर नूतन मेघों-जैसी शोभा वाले नीले वस्त्रों को धारण किया। ऐसा लगता है, मानो उनके हल के प्रहार से भयभीत होकर यमुनाजी उनके वस्त्र में छिपी हुई हैं।

9. बुद्ध अवतार :

इस अवतार में प्रभु बुद्ध शरीर धारण कर सदय और सहृदय होकर यज्ञ विधानों द्वारा पशुओं के प्रति हिंसा को देखकर श्रुति समुदाय की निन्दा की, पशुओं के प्रति प्रेमभाव रखने और पशुओं के प्रति हो रही क्रूरता को रोका। समस्त जीवों के प्रति शांति और उदारता की भावना का संसार में प्रचार किया है।

10. कल्कि अवतार:

इस अवतार में श्रीहरि ने कल्कि रूप धारण कर म्लेच्छों का विनाश करते हुए धूमकेतु के समान भयंकर रूप धारण करेंगे जो कलियुग के अंत का साक्ष्य बनेगा।

भविष्य मालिका के अनुसार चारों युगों के अंत में पृथ्वी पर भगवान के भक्तों का एक युग मनाया जाएगा। उक्त युग को आद्य सत्ययुग, संगमयुग या अनन्तयुग कहा जाता है। भविष्य मालिका के अनुसार चार युगों के भक्तों की मनोकामना पूरी करने के लिए भगवान विष्णु स्वयं कल्कि अवतार लेकर भक्तों को 1009 वर्षों तक सुख-समृद्धि प्रदान करेंगे।

अध्याय-9
कलियुग में भगवान के तीन अवतार होंगे

पंचसखाओं द्वारा लिखित भविष्य मालिका ग्रंथों के अनुसार कलियुग में भगवान के तीन अवतार इस पृथ्वी पर आएंगे। महापुरुष अच्युतानंदजी ने "जाई फूल मालिका" पुस्तक में लिखा है-

"कलि रे तीनि जन्म, हेबे परा प्रभु श्रीनारायण, जाई फूल लो, जाई फूल लो, से तो भक्त जिब जीबन जाई फूल लो"

अर्थात, कलियुग में भक्तों के प्राणनाथ, प्रभु श्रीनारायण, तीन बार धरा धाम पर अवतीर्ण होंगे।

कलियुग में भगवान का पहला अवतार - भगवान बुद्ध

'भविष्य मालिका' के अनुसार कलियुग के मध्य भाग में भगवान बुद्ध अवतार लेंगे। भक्त कवि जयदेव ने भी इस संबंध में अपनी दशावतार-स्तुति में बुद्ध अवतार का वर्णन किया है।

"निन्दसि यज्ञविधेरहह श्रुतिजातम्।
सदयहृदय दर्शितपशुघातम्।।
केशव धृतबुद्धशरीर जय जगदीश हरे।।"

उपरोक्त श्लोक से प्रमाण मिलता है कि कलियुग के मध्यकाल में यज्ञों में बड़ी संख्या में जीवित पशुओं की बलि दी जाती थी और मंत्र और तंत्र पद्धति के प्रभाव से होने वाली जीवहत्या अपनी चरम सीमा पर थी। सनातन धर्म के सिद्धांत लगभग विलुप्त हो चुके थे। उस समय भगवान ने अपने अंश से बुद्ध अवतार लेकर पशुबलि और पशुहत्या का विरोध करते हुए सनातन धर्म की पुनः संस्थापना की।

"ततः कलौ सम्प्रवृत्ते सम्मोहाय सुरद्विषाम्।
बुद्धो नाम्नाजनसुतः कीकटेषु भविष्यति"।

अर्थात, जब राजा, महाराजा और प्रजा अन्याय, अनीति और जीव हत्या के पापों में पूरी तरह लिप्त हो गई, तब भगवान ने उन सबका परिवर्तन करने और सत्य सनातन धर्म संस्थापना के लिए कीकट प्रदेश में बुद्ध अवतार लिया।

कलियुग में भगवान का दूसरा अवतार - भगवान चैतन्य महाप्रभु

कलियुग में दूसरे अवतार के रूप में भगवान ने श्रीचैतन्य के नाम से नदिया नवद्वीप ग्राम में जन्म लिया और भगवान विष्णु के महामंत्र का पूरे विश्व में प्रचार किया, साथ ही जीवहत्या का विरोध करते हुए वैष्णव धर्म को धराधाम में पुनर्जीवित किया।

"कृष्णार प्रघटा त्रिगुट प्रकार,
शास्त्रर श्रीमूर्ति आर भक्त कालेबर।"

अर्थात, भगवान चैतन्य ने नाम-संकीर्तन की महिमा और अहिंसा धर्म का प्रचार करने के साथ-साथ भक्ति और प्रेम के माध्यम से भगवान तक पहुंचने का विशेष और स्वतंत्र मार्ग दिखाया। वास्तव में उनका यही उपदेश प्रतिमा पूजन और श्रीमद् भागवत पाठ और भक्ति का सार है।

कलियुग में भगवान का तीसरा अवतार - भगवान कल्कि देव

भविष्य मालिका तथा विभिन्न शास्त्रों में यह उल्लेख किया गया है कि "कलियुग के 5000 वर्ष बीत जाने के बाद, भगवान कल्कि इस धराधाम में अवतरित होंगे"। अभी कलियुग का 5125वां वर्ष चल रहा है। इस महत्वपूर्ण तथ्य के आधार पर हमें यह समझना होगा कि कलियुग समाप्त हो गया है । अब मानव समाज 'संगमयुग' में निवास कर रहा है और वह शीघ्र ही भगवान कल्कि देव द्वारा धर्म संस्थापना देखेगा।

"अथसु जुगसंध्यांसे दस्यु प्रयासेषु राजसु।
जनिता विष्णु यशो नमना कल्कि जगतपति"।

अर्थात, जब कलियुग का संध्या समय होगा, भगवान विष्णु के यशगान करने वाले एक वैष्णव ब्राह्मण के पुत्र के रूप में भगवान कल्कि जन्म ग्रहण करेंगे।

"संबल ग्राम मुख्यस्य ब्राह्मन्यस्य महात्मन ।
भबने विष्णु जशश्य कल्कि प्रादुर्भबिबिश्यती ।। "

अर्थात, संबल ग्राम के प्रमुख ब्राह्मण के घर में, जो भगवान विष्णु का यश गान करते होंगे, भगवान कल्कि जन्म ग्रहण करेंगे। पापियों और म्लेच्छों का विनाश करने के लिए प्रभु धराधाम में मानव शरीर में अवतार लेंगे।

अध्याय-10

कलियुग के पूरा होने के संबंध में श्री जगन्नाथ के क्षेत्र से मिले संकेत

1. महात्मा पंचसखाओं ने भविष्य मालिका की रचना भगवान निराकार के निर्देश से की थी। भविष्य मालिका में मुख्य रूप से कलियुग के पतन के विषय में सामाजिक, भौतिक और भौगोलिक परिवर्तनों के लक्षणों का वर्णन किया गया है। शास्त्रों में उल्लेख के अतिरिक्त श्री जगन्नाथजी के मुख्य क्षेत्र को आदि वैकुंठ (मर्त्य वैकुंठ) बताया गया है। 5,000 वर्ष के कलियुग के बाद पंचसखाओं ने भक्तों के मन से संशय को दूर करने के लिए बताया कि भगवान की इच्छा के अनुसार श्री जगन्नाथजी के नीलाचल क्षेत्र से विभिन्न संकेत प्रकट होंगे जिनसे भक्तों को कलियुग की आयु के अंत और भगवान कल्कि के अवतरण के बारे में पूरी तरह से पता चल जाएगा। ये सारे तथ्य नीचे दिए गए गीत से हम समझ सकते हैं-

"दिव्य सिंह अंके बाबू सरब देखिबु,
छाड़ि चका गलु बोली निश्चय जाणिबू

नर बालुत रुपरे आम्भे जनमिबू"
(गुप्त ज्ञान- अच्युतानंद दास)

महात्मा अच्युतानंदजी ने उपरोक्त श्लोक में महाप्रभु श्री जगन्नाथ के प्रथम सेवक और सनातन धर्म के ठाकुर राजा (चौथे दिव्य सिंह देव) के विषय में वर्णन किया है। महापुरुष ने इसका भी उल्लेख किया कि जगन्नाथ के क्षेत्र में राजा इंद्रद्युम्न की परंपरा के अनुसार अलग-अलग समय में अलग-अलग राजा जगन्नाथ के क्षेत्र के प्रभारी थे। जब चौथे दिव्य सिंह देव कार्यभार संभालेंगे, तो 5000 साल बीत चुके होंगे। इससे महापुरुष अच्युतानन्द ने दो बातें सिद्ध कीं- एक ओर तो चौथे दिव्य सिंह देव राजा के रूप में पदभार संभालेंगे और दूसरी बात यह है कि कलियुग के 5,000 वर्ष पहले ही बीत चुके हैं। (अभी कलियुग का 5125वां वर्ष चल रहा है।)

महात्मा अच्युतानंद ने मालिका में लिखा कि जब चौथे दिव्य सिंह देव सत्ता में होंगे (जो आज हैं) तो वही कलियुग के अंत का प्रमाण होगा। पुनः महापुरुष अच्युतानंदजी ने उपरोक्त पंक्तियों में समझाया कि जब चतुर्थ दिव्य सिंह देव श्रीक्षेत्र में शासन करेंगे तो भगवान जगन्नाथ कल्कि अवतार ग्रहण कर मानव शरीर धारण कर साकार रूप में जन्म लेंगे और धर्म की संस्थापना का कार्य करेंगे।

2. महापुरुष अच्युतानंद जी ने स्पष्ट रूप से कहा है कि चौथे दिव्य सिंह देव के समय में कलियुग पूरा हो जाएगा और

भगवान जगन्नाथ को कल्कि के रूप में एक बालक होकर जन्म लेना होगा।

अच्युतानंदजी ने अपने ग्रंथ 'अष्ट गुजरी' में समझाया-

> "पूर्व भानु अबा पश्चिमें जिब
> अच्युत बचन आन नोहिब ।
> पर्वत शिखरे फुटिब कई
> अच्युत बचन मिथ्या नुंहइ।
> ठु ल सुन्यकु मु करिण आस
> ठिके भणिले श्री अच्युत दास "

अर्थात, अच्युतानंदजी मालिका की पवित्रता और सच्चाई की घोषणा कर भक्तों के मन में भक्ति और विश्वास को सजीव करते हुए कहते हैं कि सूरज पश्चिम दिशा में उदय हो सकता है और पर्वत की चोटी पर कमल खिल सकता है, लेकिन मेरे द्वारा लिखी वाणी कभी गलत सिद्ध नहीं होगी।

> "दिव्य केशरी राजा होइब
> तेबे कलियुग सरिब
> चतुर्थ दिब्य सिंह थिब
> से काले कलियुग थिब"

अर्थात, महापुरुष अच्युतानंद ने उपरोक्त पंक्ति में लिखा है कि जब श्री क्षेत्र में चौथे दिव्य सिंह देव राजा होंगे तो कलियुग के अंत के पहले से ही सत्ययुग की शुरुआत होगी,

लेकिन सत्ययुग का प्रभाव नहीं होगा। एक बार फिर एक और पंचसखा महात्मा जगन्नाथ दासजी, जो मां राधारानी की हंसी से अवतरित हुए थे, ने भी वज्र कंठ में घोषणा की-

**"पुरुषोत्तम देब राजान्क ठारु,
उनबीन्स राजा हेबे सेठारु,
उनबीन्स राजा परे राजा नांहि आउ ,
अकुली होइबे कुलकु बोहु।"**

उपरोक्त पंक्तियों में महापुरुष श्री जगन्नाथ दासजी ने लिखा है कि इस जगन्नाथ क्षेत्र के पहले राजा श्री पुरुषोत्तम देव होंगे। श्री पुरुषोत्तमदेव सहित 19 राजा मंदिर के शासन के लिए उत्तरदायी होंगे। वर्तमान समय में मालिका की बात सत्य हो रही है और 19 वें राजा के रूप में श्री दिव्य सिंह देव दायित्व निर्वहन कर रहे हैं। साथ ही महापुरुष जगन्नाथ दास ने लिखा कि 19वें राजा श्री दिव्य सिंह देव का कोई पुत्र नहीं होगा। मालिका की वाणी को मानकर आज प्रभु के भक्त प्रमाण पा रहे हैं। महापुरुषों ने जो लिखा उसके 600 वर्षों के बाद उनकी वाणी वास्तविकता बन गयी है। अतः यह समझ लेना चाहिए कि कलियुग समाप्त हो गया है और धर्म संस्थापना का कार्य चल रहा है।

महापुरुष अच्युतानंदजी ने भविष्य मालिका में लिखा-
**"चुलरु पथर जेबे खसिब सूत, खसिले अंला बेढ़ा रु हेब
ए कलि हत।"**

महापुरुष अच्युतानंद दासजी ने भक्तों को सूचित करने के लिए लिखा है कि जब श्री जगन्नाथ धाम के मुख्य मंदिर से पत्थर गिरेगा तब हम जानेंगे कि कलियुग का अंत हो गया है। महापुरुष के ये वचन भी सिद्ध हो गए। गत 16.06.1990 को श्री मंदिर के आमला बेढ़ा से एक पत्थर गिरा और इसकी जांच के लिए केंद्रीय बजट विभाग द्वारा एक समिति गठित की गई, लेकिन अब तक वैज्ञानिक यह नहीं जान पाए कि इतना बड़ा पत्थर (1 टन से अधिक वजनी) कहां से और कैसे गिर गया? यह वैज्ञानिकों के लिए एक आश्चर्यजनक घटना रही है। सभी महात्माओं और ऋषियों के शब्द सत्य सिद्ध हुए है और भक्तों को चेतावनी देने के लिए आमला बेढ़ा से पत्थर गिर कर कलियुग के अंत का प्रमाण पहले ही दिया जा चुका है।

3. महापुरुष अच्युतानंदजी ने अपने भविष्य मालिका ग्रंथ 'गरुड़ संवाद' में उल्लेख किया है कि एक दिन भगवान के प्रमुख भक्त विनितानंदन गरुड़ ने महाप्रभु से पूछा कि "भगवन, आपने चारों युग में अवतार लिया है और कलियुग के अंत में आप कल्कि अवतार लेंगे तो चार युगों के भक्तों और भगवान का मिलन होगा। जब आप नीलाचल छोड़ेंगे, दारु-ब्रह्म से साकार ब्रह्म बनेंगे तो भक्तों को वैकुंठ से क्या लक्षण दिखाई देंगे जिससे भक्तों को विश्वास हो जाएगा कि आपके कल्कि अवतार का समय आ गया है, ताकि भक्त मालिका का अनुसरण करें और आपका आशीर्वाद प्राप्त करें?"

महापुरुष अच्युतानंद ने भविष्य मालिका में लिखा है-

**"बड़ देउल कु आपणे जेबे तेज्या करिबे,
कि कि संकेत देखिले मने प्रत्ये होइबे ।"**

उपरोक्त पंक्तियों का यह अर्थ है कि जब भगवान नीलाचल छोड़ देंगे तो भक्तों को एक संकेत मिलेगा उसे देखकर ही विश्वास होगा।

**तब भगवान श्री कृष्ण ने कहा-
"गरुड़ मुखकु चाँहिण कहुचंति अच्युत,
क्षेत्र रे रहिबे अनंत बिमला लोकनाथ।"**

इन पंक्तियों में भगवान गरुड़ से कह रहे हैं "जब मैं नीलाचल छोड़ूंगा तब मेरे ज्येष्ठ भाई बलराम नीलाचल क्षेत्र का दायित्व ग्रहण करेंगे और नीलाचल क्षेत्र के क्षेत्राधीश्वर बनेंगे। शक्तिस्वरूपिणी मां विमला और लोकनाथ महाप्रभु उस समय उस क्षेत्र में होंगे, लेकिन मैं मानव रूप में जन्म लूंगा।"

फिर गरुड़ ने पूछा कि पहला संकेत क्या होगा ताकि भक्तगण मालिका को पढ़ कर समझ लें कि आपने नीलाचल छोड़ दिया है?

**पुनः महापुरुष अच्युतानंद ने वर्णन किया है -
"देउल रु चुन छाड़िब, चक्र बक्र होइब, माहालिआ होइ
भारत अंक कटाउ थिब।"**

अर्थात, जब श्री जगन्नाथजी के मुख्य मंदिर में चूने का जो लेप है उस से कुछ-कुछ निकल आएगा (अर्थात, चूना झड़ने लगेगा), तब श्री जगन्नाथ मंदिर के शिखर पर लगा नीलचक्र थोड़ा टेढ़ा हो जाएगा और उस समय भारत की आर्थिक स्थिति अच्छी नहीं होगी।

जब जगन्नाथ मंदिर से चूने का लेप झड़ गया था, उस समय के प्रधानमंत्री चंद्रशेखर थे जिन्होंने 3000 टन सोना गिरवी रख कर भारत में पैसे की कमी पूरी की और भारत ने बचाव की अर्थव्यवस्था लागू कर अपनी आर्थिक स्थिति में सुधार किया। मालिका की उपरोक्त पंक्ति से सिद्ध होता है कि महापुरुष अच्युतानंदजी द्वारा आज से 600 वर्ष पूर्व कथित बातें सिद्ध हो चुकी हैं।

महाप्रभु श्रीकृष्ण दूसरे संकेत के बारे में बताते हैं-

"बड़ देउल रु पथर जेबे खसिब पुण, गृध्र पक्षी जे बसिब अरुण र स्तम्भेण।"

इन पंक्तियों का भावार्थ यह है कि जब आमला बेढ़ा से पत्थर गिरेगा तब अरुण (सूर्य पुत्र अरुण) स्तंभ के ऊपर बाज पक्षी अथवा गिद्ध बैठ जाएगा। यह सत्य सिद्ध हुआ और जिस समय आमला बेढ़ा से पत्थर गिरा, उस समय अरुण स्तंभ पर गिद्ध पक्षी भी बैठा।

4. हमारी शास्त्रीय परंपरा के अनुसार यदि किसी घर पर गिद्ध पक्षी बैठ जाए तो उस घर में रहने वाले लोगों पर यह

आगामी संकट का संकेत होता है। उसी प्रकार श्री जगन्नाथ मंदिर के अरुण स्तंभ पर बैठे गिद्ध पक्षी का दिखना सम्पूर्ण विश्व के मनुष्यों के लिए बड़े संकट का लक्षण है। यह कलियुग के अंत और धर्म की स्थापना का पहला संकेत माना जाता है। फिर महापुरुष अच्युतानंद ने भक्त शिरोमणि गरुड़जी को बताया-

"एही संकेत कु जानिथा हेतु मति की नेई, तोर मोर भेट होइब मध्य स्थल रे जाई।"

अर्थात, गरुड़जी पूछते हैं, "भगवान, जब आप कल्कि रूप में धरावतरण करेंगे तो मैं आपसे कहां मिल सकूंगा, कैसे मैं आपका दर्शन प्राप्त करूंगा और स्वयं को आपकी सेवा में समर्पित करूंगा?"

महाप्रभु ने उत्तर देते हुए कहा- "हे गरुड़, मैं आपको वहां मिलूंगा जहां ब्रह्मा का शुभ स्तंभ है, जिसे पृथ्वी का सूर्य स्तंभ माना जाता है और जो पृथ्वी का केंद्र कहलाता है।"

महापुरुष अच्युतानंद जी ने "हरिअर्जुन चौतिसा" में कलियुग के समाप्त होने, भगवान कल्कि के जन्म के विषय में और श्रीमंदिर में मिले अन्य संकेतों के बारे में उल्लेख किया है।

"नीलाचल छाड़ि आम्भे जिबु जेतेबेले
लागिब रत्न चांदुआ अग्नि सेते बेले
निशा काले मन्दिररु चोरी हेब हेले,
बड़ देऊलुमोहर खसिब पत्थर,

बसिब जे गृध्र पक्षी अरुण स्तम्भर।
बतास रे बक्र हेब नीलचक्र मोर।"

उक्त पंक्तियों में महापुरुष अच्युतानन्द जी ने ये स्पष्ट किया है कि "जब मैं नीलाचल को छोड़ दूंगा तो मेरे रत्नजड़ित सिंहासन के ऊपर के रत्नजड़ित छत्र में आग लग जाएगी, मेरे श्री मंदिर के परिसर में आधी रात को चोरी होगी और दिग्गजों से पत्थर गिरेंगे। बतास (तूफान) के कारण नीलचक्र मुड़ कर टेढ़ा हो जाएगा। गिद्ध पक्षी मेरे अरुण स्तंभ पर बैठ जाएगा।" श्रीमंदिर के श्री जगन्नाथ क्षेत्र में ये सभी बातें घट चुकी हैं और मालिका की वाणी पूरी तरह सत्य हुई है। इससे कलियुग के पतन का संकेत प्राप्त हुआ है।

फिर 'कलियुग गीता' के दूसरे अध्याय में महापुरुष अच्युतानंदजी श्री जगन्नाथ के क्षेत्र से विशेष संकेत के विषय में बताते हैं।

"मुंहि नीलाचल छाड़ि जिबि हो अर्जुन,
मोहर भंडार घरे थिब जेते धन।
तांहिरे कलंकी लागि जिब क्षय होइ,
मोहर सेवक माने बाटरे न थाई"।

उपरोक्त पंक्तियों में अर्जुन ने भगवान श्रीकृष्ण से प्रश्न किया कि "जब आप नीलाचल को छोड़ देंगे तो श्रीक्षेत्र से क्या चिह्न दिखाई देंगे, कृपया मुझे इसके बारे में बताएं।" भगवान श्रीकृष्ण उत्तर देते हुए कहते हैं, "अर्जुन, जब मैं

नीलाचल को छोड़ूंगा, तो मेरे मंदिर के परिसर में स्थित भंडार घर की ख्याति नहीं रहेगी, जिसका अर्थ है कि खजाने यानी भण्डारगृह का धन नष्ट हो जाएगा और खजाने के प्रभारी सेवक धर्म का आचरण नहीं करेंगे।"

जैसा अच्युतानंदजी 'कलियुग गीता' के दूसरे अध्याय में वर्णन करते हैं-

"बहुत अन्याय करि अरजिबि धन,
तंहिरे ताहांक दुःख नोहिब मोचन।
खाइबाकु नमिलिब किछि न अन्टिब,
मोहर बड़पण्डान्कु अन्न न मिलिब।
मोहर बड़ देऊलु खसिब पत्थर,
श्रीक्षेत्र राजन मोर नसेबि पयर
राज्य जिब नाना दुःख पाइबा टी सेइ,
तांकू मान्य न करिब अन्य राजा केहि।"
इन पंक्तियों का भावार्थ-

"जब मैं नीलाचल छोड़ूंगा तब कलियुग समाप्त हो जाएगा। जैसे ही मैं श्रीक्षेत्र छोड़ूंगा, मेरे क्षेत्र में बहुत अन्याय होगा। मेरे अधीन पार्षद तरह-तरह के अन्याय करके पैसा कमाएंगे, और आने वाले समय में मेरे प्रधान सेवक ठीक से अपना भरण-पोषण भी नहीं कर पाएंगे।" इस प्रकार के अनेक परिवर्तन श्री मंदिर में होंगे।

महापुरुष अच्युतानंद ने मालिका में जगन्नाथ क्षेत्र से और एक संकेत का उल्लेख किया है-

"पेजनला फुटी तोर पडिब बिजुली,
से जुगे जिब की प्रभु नीलांचल छाड़ि ।"

उक्त पंक्तियों का अर्थ है-

जब जगन्नाथ के रसोई घर पर बिजली गिरेगी, तब कलियुग समाप्त हो जाएगा और श्री जगन्नाथ नीलाचल को छोड़कर मानव रूप धारण करेंगे। पिछले दिनों जगन्नाथ की रसोई घर पर बिजली गिरी थी। इससे यह माना जा सकता है कि श्री जगन्नाथ जी नीलाचल को छोड़कर मानव शरीर धारण कर चुके हैं।

पुनः महापुरुष अच्युतानंदजी अपने ग्रंथ 'चौषठि पटल' में जगन्नाथ क्षेत्र से एक और संकेत के बारे में वर्णन करते हैं। वे श्री कल्पवट की महिमा, श्री कल्पवट के क्षय, कलियुग के अंत और भगवान श्री जगन्नाथ के नीलाचल को छोड़कर मानव शरीर धारण करने का प्रमाण देते हुए कहते हैं-

"से बट मुलरे अर्जुन जेहु बसिब दंडे,
मृत्यु समये न पड़िब यम राजर दंडे ।
से बट मोहर बिग्रह जंहु हेले आघात,
मोते बड़ बाधा लागई सुण मघबासूत।
से बट रु खंडे बकल जेहु देब छड़ाई,
मोहर चर्म छडाइला परि ज्ञांत हुअइ।"

इन पंक्तियों का भावार्थ-

श्री मंदिर के अंदर कल्पवट भगवान के विग्रह के समान है। कल्पवट की तुलना भगवान के शरीर से की गई है। कल्पवट

से कोई छोटा-सा टुकड़ा भी तोड़ ले तो भगवान के शरीर को बहुत कष्ट होता है। आज कल्पवट की शाखा बार-बार टूट रही है। महापुरुष की वाणी के अनुसार यदि कल्पवट की शाखा टूट जाती है तो भगवान नीलाचल को छोड़कर मनुष्य का शरीर ग्रहण कर चुके हैं।

महापुरुष अच्युतानंद ने इसी विषय पर लिखा है कि-

"कल्प्बट घात हेब जेतेबेले
नीलाचल छाड़ि जिबे मदन गोपाले।
कल्प्बट शाखा छिड़ि पड़िब से काले,
नाना अकर्म मान हेब क्षेत्रबरे।
रूद्र ठारु उनविंश पर्यन्त सेठारे,
स्थापना होइबे मोर सेवादी भाबरे।
बड़ देउलरे मुंही नरहिबी बीर,
बाहार होइबि देखि नर अत्याचार।"

महापुरुष अच्युतानंदजी ने उपरोक्त पंक्तियों में उल्लेख किया है कि जब कल्पवट शाखा टूटेगी तो मेरे क्षेत्र में बहुत अन्याय, अनीति, अनुशासनहीनता और अराजकता फैल जाएगी। इस समय भगवान श्री जगन्नाथ मनुष्यों के अत्याचार को देखकर मंदिर त्यागकर मानव शरीर ग्रहण करेंगे। भगवान कल्कि की उम्र के 11 से 19 साल के बीच सरकार द्वारा श्रीमंदिर का दायित्व संभालने के लिए नए सेवक रखे जाएंगे। मालिका की बात आज सच हो गई है।

पुनः महात्मा अच्युतानंद ने यह वर्णन करते हैं कि-
"बड़ देऊलु मोहर पत्थर खसिब,
गृध्र पक्षी नील चक्र उपरे बसिब।
दिने दिने चलुरे मु न होइबि दृश्य,
भोग सबु पोता हेब जान पाण्डु शिष्य।
समुद्र जुआर माड़ि आसीब निकटे,
रक्ष्या नकरिबे केहि प्राणींकु संकटे।"

महापुरुष ने फिर वर्णन किया कि जब नीलचक्र पर गिद्ध बैठता है तब श्री जगन्नाथ के श्रीमंदिर से बारम्बार पत्थर गिरता है। उस समय महाप्रसाद के अर्पण में महाप्रभु जगन्नाथ दर्शन नहीं देंगे। कई बार महाप्रसाद मिट्टी के नीचे दबा दिया जाएगा। इसका अंदाजा इस बात से लगाया जा सकता है कि श्री जगन्नाथजी की मंदिर-परंपरा के अनुसार जब भगवान जगन्नाथ को महाप्रसाद चढ़ाया जाता है तो श्री जगन्नाथ महाप्रसाद चढ़ाने वाले मुख्य पुजारी को दर्शन देते हैं। लेकिन महापुरुष अच्युतानंद की चेतावनी के अनुसार जब गिद्ध पक्षी या बाज पक्षी नीलचक्र पर बैठेगा, उस समय भगवान के श्री मंदिर से पत्थर गिरेगा और जगन्नाथ महाप्रभु महाप्रसाद अर्पण की विधि में दर्शन नही देंगे। इसके फलस्वरूप महाप्रभु का महाप्रसाद मिट्टी में दबा दिया जाएगा। फिर महापुरुष अच्युतानंद ने एक उल्लेख चेतावनी के रूप में किया कि इस समय समुद्र भूमि से बहुत ऊपर उठेगा और पृथ्वी पर बाढ़ आएगी जो आज धरती पर स्पष्ट दिखाई दे रहा है। उसके बाद भी कई बड़े-बड़े संकट

आने वाले हैं। इसलिए उन्होंने एक सहृदय संत होने के नाते कलियुग के मनुष्यों को सचेत किया कि लोगो में मानसिक परिवर्तन हो, वे वैष्णव धर्म के प्रति पूर्ण समर्पित हों और अभक्ष्य भक्षण समेत अन्य दुर्गुणों का त्याग करें।

महापुरुष ने इस सन्दर्भ में फिर से वर्णन किया है-

"श्री धामरु एक बड़ पाषाण खसिब,
दिबसरे उल्लूक तार उपरे बसिब।
मो भुबने उल्कापात हेब घन घन,
जेउ सबु अटे बाबू अमंगल चिन्ह।"

महापुरुष ने कहा कि श्री जगन्नाथजी के मुख्य मंदिर से एक विशाल पत्थर गिरेगा और दिन के समय में पत्थर पर एक उल्लू बैठेगा। ये दोनों संकेत मंदिर में पहले ही घटित हो चुके हैं। भविष्य में श्री जगन्नाथ क्षेत्र में बार-बार उल्कार्पिंड गिरेगा, जैसा हमें महापुरुष के द्वारा रचित अनेक ग्रंथों से पता चलता है।

अध्याय-11

विभिन्न शास्त्र, पुराण और भविष्य मालिका में भगवान कल्कि के अवतार से संबंधित वर्णन

भविष्य मालिका एवं शास्त्रों के अनुसार भगवान विष्णु के दसवें अवतार, 'कल्कि अवतार', संबल ग्राम में जन्म लेंगे। इस तथ्य का उल्लेख श्रीमद् भागवत, महाभारत महाकाव्य, कल्किपुराण और पंचसखाकृत भविष्य मालिका में मिलता है। अब सबसे बड़ा प्रश्न यह है कि

वह "संबल ग्राम" कहां है? शास्त्र के अनुसार तो यह स्पष्ट है कि संबल ग्राम में ही प्रभु कल्कि का अवतार होगा। आज भारत के विभिन्न भागों में अनेक लोग स्वयं को कल्कि बता रहे हैं और अपनी जन्मभूमि को संबल ग्राम मान रहे हैं। लेकिन वास्तव में भारत में केवल दो संबल स्थानों का उल्लेख मिलता है, जिनका श्रीमद्भागवत, महाभारत के 'वनपर्व' और पंचसखाकृत भविष्य मालिका में वर्णन किया गया है।

भगवान श्री वेदव्यास श्रीमद्भागवत ग्रंथ में उल्लेख करते हैं कि भगवान कल्कि संबल गांव में जन्म लेंगे और म्लेच्छों का नाश करेंगे। यह उल्लेख निम्नलिखित श्लोक में है-

"सम्भल ग्राम, मुख्यस्य ब्राह्मणस्य महात्मनः
भवने विष्णुयशसः कल्कि प्रादुर्भविष्यति।।

उपरोक्त श्लोक का भावार्थ यह है कि संभल ग्राम के प्रमुख ब्राह्मण के घर में, जहां भगवान विष्णु का नित्य यशगान किया जा रहा होगा, भगवान कल्कि का जन्म होगा।

बाद में जब द्वापरयुग के अंत में भगवान वेदव्यास ने महाभारत की रचना की, तब महाभारत के 'वनपर्व' में भगवान कल्कि का जन्म 'संभूत संबल' गांव में होने का उल्लेख किया। यहां यह साफ होता है कि पहले संबल गांव और फिर संभूत संबल गांव का उल्लेख किया गया है।

"कल्कि विष्णु जशानाम द्विज काल प्रचोदिता
उत्सयते महाबिरजेया महाबुद्धि पराक्रम
संभूत संबलग्रामे ब्राह्मण बसति सुभे || "
(श्री व्यासदेव रचित संस्कृत महाभारत के वनपर्व से लिया गया)

उपरोक्त श्लोक में भगवान वेदव्यास ने भगवान कल्कि अवतार के जन्मस्थान (जिस स्थान पर वैष्णव ब्राह्मणों की नगरी बसाई गई थी) का संबल ग्राम या संभूत संबल के नाम से उल्लेख किया है। भारत में उत्तर प्रदेश राज्य के मुरादाबाद जिले में संबल नामक एक गांव है। साथ ही ओडिशा राज्य के जाजपुर जिले में जिस स्थान पर मां बिरजा देवी विराजमान हैं, उसके पूर्वी भाग में स्थित ब्राह्मणों के गांव को पंचसखाओं

ने संबल गांव के रूप में वर्णित किया है। भगवान वेदव्यास ने महाभारत के वनपर्व में उल्लेख किया है कि "जहां यज्ञ करने के उद्देश्य से ब्राह्मणों का गांव स्थापित किया गया था, उसी गांव में भगवान विष्णु के यशगान करने वाले एक प्रमुख ब्राह्मण के घर में भगवान कल्कि जन्म लेंगे।"

ओडिशा के इतिहास के अनुसार सोमवंशी परिवार के राजा 'जजाती केशरी' ने उत्तर प्रदेश के कन्नौज से दस हजार ब्राह्मणों को लाकर मां बिरजा क्षेत्र के पूर्वी भाग में बसाया और उन्हीं उच्च-कुलोत्पन्न ब्राह्मणों द्वारा दशाश्वमेध यज्ञ करवाया। इससे हमें स्पष्ट प्रमाण मिलता है कि भगवान कल्कि का जन्म नये संभल या संभूत संभल में होगा, न कि पुराने संभल ग्राम में।

इसका स्पष्ट प्रमाण पंचसखाओं ने भविष्य मालिका ग्रन्थ में किया है जिसका वर्णन महापुरुष अच्युतानंद द्वारा रचित 'बिरजा माहात्म्य' ग्रंथ के द्वितीय स्कन्ध में मिलता है। श्री व्यासदेव की वाणी के समर्थन में ओडिशा के जाजपुर ग्राम में मां बिरजा देवी के मंदिर की पूर्वी ओर स्थापित ब्राह्मणों की नगरी ही संभल ग्राम है, उन्होंने इसे सिद्ध किया है।

उक्त पंक्ति नीचे दी गई है- -

"सुन बार सुत, निहार बचना ए, अटे अच्युत ठार ,
नाभि गया तीर्थ, हरिहर क्षेत्र, ग्राम टी संबल पुर "।

भगवान श्रीजगन्नाथ जी की इच्छा से समस्त भक्तों के कल्याण हेतु इस महान ग्रन्थ का प्रकाशन और प्रचार किया जा रहा है। यथाशीघ्र 'भविष्य मालिका' के द्वितीय खंड के प्रकाशन के लिए हम प्रयत्नशील हैं। पुस्तक के द्वितीय खंड में निम्नलिखित विषयों का वर्णन किया जायेगा-

1. संबल ग्राम के संबंध में विस्तृत वर्णन

2. भगवान श्री कल्किदेव के जन्म स्थान का निरूपण

3. भविष्य के विश्वयुद्ध के विषय में वर्णन

4. प्रभु के द्वारा गठित भक्तों के सोलह मंडल के विषय में वर्णन

5. भक्तों के सोलह मंडल पृथ्वी में कहां-कहां गठित होंगे, उनका संपूर्ण वर्णन

6. भक्त और भगवान का मिलन कब और कहां होगा, उसके विषय में वर्णन

7. धर्मसंस्थापना के विषय में वर्णन

8. श्रीजगन्नाथ जी द्वारा ओडिशा के छतिया क्षेत्र में जाने के विषय में वर्णन

क्रमशः...

ॐ श्री लक्ष्मीमाधवाय नमः

श्रीमद भागवत महापुराण कथांमृत,
श्रीमद जगन्नाथ कथांमृत,
श्रीमद रामायण कथांमृत, एवं
भविष्यमालिका पुराण की समय
उपयोगी विचारधारा

परम पुज्य पंडित श्री काशीनाथ मिश्र जी द्वारा उपरोक्त
विषयों पर कथा करवाने हेतु संपर्क करें ....

contact no-9606232821